Vivre
avec vos
Plantes

Eva Katharina Hoffmann

Vivre avec vos Plantes

Le pouvoir énergétique de vos plantes d'intérieur

SOLAR

Titre original de cet ouvrage
ENERGIEPFLANZEN IM HAUS

Traduction-adaptation
Martine Bloch

ISBN : 2-263-02770-X
Code éditeur : S02770
Dépôt légal : janvier 2000

Photocomposition : PFC, Dole
Imprimé par Milanostampa - Italie

Sommaire

Avant-propos

Tous ceux qui aiment s'entourer de plantes, cultivent un jardin ou prennent simplement plaisir à contempler arbres et fleurs dans leur habitat naturel savent que les plantes sont des êtres vivants et qu'elles exercent sur nous et sur nos sens une influence non négligeable. Elles apportent la détente aux uns, elles incitent les autres à la contemplation, d'autres encore puisent inspiration et créativité dans la richesse de leurs couleurs et de leurs formes. Certaines plantes agissent par leur parfum, dont on affirme, dans les milieux ésotériques, qu'il renferme l'âme de la plante. Et l'on dit de ceux qui ont la « main verte » qu'ils savent communiquer avec les plantes et se placer d'emblée sur la même longueur d'onde qu'elles.

Ce livre traite des vibrations invisibles des plantes d'appartement. Avec le médecin anglais Edward Bach, Eva-Katharina Hoffmann, psychothérapeute et guérisseuse douée d'une grande sensibilité, voit dans les plantes qui nous entourent des traits individuels et des potentiels énergétiques qui exercent leur action sur nous.

Plus d'un jardinier d'intérieur comprendra peut-être, à la lecture de ce livre, pourquoi il éprouve une répulsion inexplicable à l'égard de certaines plantes et se sent, au contraire, attiré par d'autres. Ce guide des plantes quelque peu inhabituel vous aidera à voir dans les plantes vertes et les plantes à fleurs des éléments dont l'intérêt n'est pas seulement d'agrémenter votre intérieur et d'en purifier l'atmosphère.

Les plantes nous apportent, à la faveur d'échanges extrêmement subtils, des forces que l'on ne peut voir ni mesurer, mais qui peuvent se transformer en énergie et en source de joie et de bien-être.

Grâce à son parfum intense et à ses fruits éclatants, cet oranger d'intérieur (à gauche) compte parmi les plantes les plus riches en énergie. En Chine, on y voit le symbole de la richesse.

Vivre avec les plantes

J'avais 3 ans lorsque ma grand-tante Agathe jeta les bases de ma relation avec les plantes. Elle me réserva une plate-bande dans son jardin et m'aida dans mes plantations. Elle savait quand la Lune est propice pour semer, arroser, sarcler ou récolter. Elle m'incita à la persévérance, lorsque j'étais tentée d'arracher carottes, radis et autres légumes pour m'assurer qu'ils poussaient bien. Elle m'expliqua le rôle du sol, du temps, du vent et du soleil, et m'indiqua ce dont chaque plante a besoin. Aujourd'hui encore, je crois l'entendre lorsque je m'occupe de mes plantations, et je la remercie vraiment du fond du cœur de m'avoir ainsi initiée au monde végétal.

Plus tard, j'observai que les plantes que j'aimais le plus étaient aussi celles qui se développaient le mieux chez moi, alors que d'autres, réputées faciles à soigner, avaient tendance à dépérir. Mon activité de guérisseuse et mes contacts quotidiens avec la phytothérapie, les essences de Bach, l'aromathérapie et l'homéopathie classique m'ont peu à peu amenée à m'intéresser aux étranges forces invisibles, non mesurables, que recèlent les plantes.

A la faveur de rencontres avec un herboriste, des ethnologues, des chamans, des architectes paysagistes et d'autres passionnés des plantes, j'ai appris bien des choses sur les plantes et les fleurs qui peuplent notre planète. Avec l'expérience, j'ai établi des liens entre les données recueillies ici et là. Ce qui m'importait n'était pas tant le savoir que le contact personnel avec les plantes, dans la nature, au jardin ou dans la maison.

En apprenant à prescrire les spécialités homéopathiques, je pensais à l'enseignement de ma tante Agathe. Elle m'avait parlé d'elfes, de gnomes et d'anges, et avait développé chez moi le sens de l'infinitésimal. Je prenais un médicament homéopathique, m'asseyais dans un pré et demandais à

En vivant avec les plantes, on apprend vite à saisir leur particularité, ne serait-ce que par leur parfum.

l'ange des plantes de m'aider à percevoir l'énergie de la plante médicinale. Je ressentais bientôt un picotement, de la chaleur, du froid ou une brûlure. Mon corps m'indiquait, par ses réactions, où s'exerçaient les effets thérapeutiques de la plante.

Les plantes influaient aussi sur mes dispositions d'esprit. Je notais les résultats de cet apprentissage par les sens, afin de vérifier si chaque plante avait toujours les mêmes effets sur moi. Cela se confirma et je persévérai dans ma méthode d'apprentissage. Je passai ensuite aux plantes à l'état naturel : fleurs, arbres, arbustes, herbes – y compris les « mauvaises herbes » – firent l'objet de nouveaux essais.

Puis je comparai les plantes elles-mêmes avec les médicaments contenant leurs essences :

- l'essence de chêne avec le chêne,
- le médicament homéopathique Cyclamen avec la plante en pot,
- le médicament homéopathique Taraxacum avec le pissenlit, etc.

La vibration énergétique était toujours identique, bien que celle du produit naturel fût souvent plus forte que celle du médicament, sauf pour les préparations les moins diluées.

Au bureau, le figuier pleureur a sa place près de la photocopieuse ou de l'imprimante, car il accélère l'élimination du formol et d'autres polluants comme le xylène, le toluène ou l'ammoniac.

Les plantes : plus qu'un élément de décoration

Les hommes passent une part croissante de leur temps dans des lieux clos – maisons, appartements ou bureaux – et éprouvent de plus en plus le besoin d'embellir leur cadre de vie avec des plantes. Outre qu'elles sont agréables à regarder et à sentir, il est prouvé qu'elles améliorent la qualité de l'air en filtrant les polluants ; elles sont donc bénéfiques pour le corps, l'âme et l'esprit.

Les plantes nous apportent oxygène et nourriture

Les plantes ne nous apportent pas seulement « l'air que nous respirons » ; elles sont aussi la base de notre alimentation. Sans plantes, il n'y aurait pas de vie sur terre, hommes et animaux seraient condamnés à mourir d'asphyxie et de faim. C'est la présence des plantes, et leur aptitude à transformer le dioxyde de carbone en énergie (hydrates de carbone), avec l'aide de la lumière et de l'eau, tout en produisant de l'oxygène, qui a rendu possible l'existence de l'espèce humaine.

Tout ce qui touche aux plantes retentit sur notre propre vie. Il est donc de notre intérêt de les traiter avec égards et de leur prodiguer tous nos soins. Chaque arbre abattu devrait être aussitôt remplacé par trois autres, chaque « mauvaise herbe » reconsidérée de plus près – ce sera peut-être un jour un médicament. Et les plantes des régions méditerranéennes, subtropicales ou tropicales qui ornent nos appartements, nos balcons et nos jardins d'hiver méritent la même attention. Elles embellissent notre cadre de vie, nous apportent joie, bien-être et santé, et méritent qu'on leur parle, car elles aiment cela, bien des amis des plantes vous le diront.

« Le rôle des plantes n'est pas seulement de flatter le regard par leurs couleurs et le palais par leurs fruits succulents, ce dont elles s'acquittent à merveille. Mais elles s'emploient aussi à débarrasser de leurs impuretés l'air et la terre qui nous entourent. Et une maison abritant des plantes florissantes sera plus propre et plus saine qu'une maison sans plante. » Il n'y a pratiquement rien à ajouter à cette citation d'un ouvrage de jardinage publié en Angleterre au XIXe siècle.

Les plantes protègent notre santé

Aux États-Unis, les autorités chargées de la protection de l'environnement comptent la pollution de l'air des habitations parmi les cinq menaces les plus graves pour la santé publique. Cette mauvaise qualité de l'air est due à un confinement excessif des logements modernes, hermétiquement clos. Autre source de pollution, les matériaux de construction, qui libèrent dans l'atmosphère formol, xylène, toluène, benzène, trichloréthylène, chloroforme, ammoniac, alcool et acétone. A cela s'ajoutent les émanations des hommes, dites bio-effluves.

Ce cocktail chimique peut provoquer des troubles de l'état général et des maladies chez les personnes prédisposées, notamment les enfants et les personnes âgées. Dans les années 80, médecins et guérisseurs ont commencé à observer des symptômes qui ne relevaient pas des diagnostics habituels. Ils ont été frappés par le fait que les patients ressentaient un mieux-être net lorsqu'ils sortaient de chez eux

Le dieffenbachia est une plante idéale pour le bureau : il filtre les produits nocifs présents dans l'air et émet une énergie qui favorise la concentration.

et respiraient un air pur et frais. La notion de « syndrome des bâtiments malsains » était née. Les symptômes en sont les suivants : fatigue, abattement, maux de tête, troubles nerveux, pathologies bronchopulmonaires, asthme, irritation de la peau et des muqueuses atteignant principalement les yeux, le nez, la gorge et les sinus, pathologies cutanées, allergies et, dans les cas extrêmes, cancer. A cela s'ajoutent, chez les sujets présentant une hypersensibilité, des allergies aux poussières, aux acariens, aux spores de moisissures, aux pollens et à certains aliments.

Les plantes sont capables de filtrer ou de transformer ces substances et d'améliorer la qualité de l'air des habitations. En outre, comme l'ont montré des essais de la NASA, elles humidifient l'atmosphère de façon notable. Et nous savons par l'aromathérapie que les huiles essentielles ont des propriétés stimulantes, antifongiques (contre les champignons) et antibactériennes.

On ne citera ici que quelques exemples de plantes d'intérieur particulièrement efficaces contre certains polluants :

- **Formol :** néphrolépide, chrysanthème, dragonnier, palmier nain, figuier pleureur, lierre, spathiphyllum, schefflèra, dieffenbachia.
- **Xylène et toluène :** dieffenbachia, néphrolépide, flamant rose, figuier pleureur.
- **Ammoniac :** flamant rose, chrysanthème, dormeuse, figuier pleureur, dragonnier, azalée.

Comment les plantes communiquent

Saviez-vous que les plantes peuvent communiquer entre elles et qu'elles ont des sympathies et des antipathies ? Ces échanges ont généralement pour effet de favoriser la préservation de l'espèce. On trouvera ci-après quelques exemples fascinants de ce phénomène. L'aptitude des plantes à communiquer avec les hommes est controversée. Elles le font probablement, mais nous ne sommes pas (encore) en mesure de le percevoir. Certains essais ont cependant été réalisés dans ce sens.

Il est conseillé de planter des pieds de lavande entre les rosiers, non seulement pour l'harmonie des couleurs, mais aussi parce que cette proximité est bénéfique pour le développement et la santé des uns et des autres.

Des associations réussies

Certaines plantes cohabitent bien et ont un effet bénéfique les unes sur les autres, d'autres se contrarient. Les spécialistes désignent ces sympathies et antipathies du règne végétal par le terme d'allélopathie. Les jardiniers expérimentés connaissent bien ces phénomènes et savent, par exemple, que la rose et la lavande se stimulent mutuellement, que la capucine éloigne les pucerons du cerisier ou que les racines du souci sécrètent une substance qui élimine les anguillules menaçant le phlox.

Le traitement aromatique des plantes

Les produits phytosanitaires aromatiques mis au point par le biologiste Dietrich Gümbel sont constitués de certaines essences naturelles et d'eau dans des proportions de 1 : 10 à 1 : 100 000. Le traitement aromatique des plantes part du principe de similitude entre le produit et son champ d'action, et s'appuie sur la transmission de « l'information spécifique » ou « essence » des produits – même dilués à l'extrême – à l'eau, puis, par vaporisation, à la plante malade. Ainsi, les essences aromatiques de racines stimulent les racines, les essences de feuilles protègent et renforcent le feuillage, les essences de fleurs, de fruits et de graines favorisent la floraison et la production de fruits.

Le phlox est très souvent victime d'anguillules, sauf s'il est mélangé à des soucis, dont les racines sécrètent une odeur qui chasse le parasite.

L'élimination de la concurrence par l'acide tannique

Le noisetier produit, dans l'enveloppe verte de ses fruits, une substance messagère, l'acide tannique, qui n'est pas nocive pour l'homme à la concentration où elle se trouve, mais qui assure la protection du fruit tombé. En effet, elle crée au sol des conditions qui font obstacle à la germination des autres espèces et sont défavorables à leur bourgeonnement. Le noisetier s'assure ainsi que seule sa propre descendance bénéficie des meilleures conditions pour se multiplier et que les autres espèces soient décimées. Il protège son environnement des plantes, mauvaises herbes et arbres indésirables.

Des substances qui signalent les ennemis naturels

Des arbres attaqués par des insectes envoient des signaux chimiques incitant leurs semblables à produire des substances qui les protégeront d'une agression.

Certains arbres, dont les feuilles sont victimes des insectes ou du bétail, émettent des substances chimiques qui incitent leurs semblables à produire préventivement des substances les protégeant contre ces agressions.

Des feuilles « empoisonnées » contre les insectes

Aux États-Unis, des écologistes et des chimistes de Seattle, dans l'État de Washington, ont étudié des forêts dont on avait observé qu'elles étaient décimées tous les dix ans environ par des nuisibles. Les chercheurs remarquèrent que des nuées d'insectes jetaient leur dévolu sur des hectares de bouleaux et de saules dont ils dévoraient toutes les feuilles. Puis, bien que d'immenses étendues d'arbres sains se soient offertes à eux, les insectes ne s'en approchaient pas. Autre fait notable, après ces assauts massifs, ces nuisibles extrêmement voraces mouraient peu à peu – visiblement de faim ! – pour réapparaître quelque dix ans plus tard.

Comment expliquer ce phénomène ? Des examens de laboratoire montrèrent que les arbres parvenaient à se défendre contre les insectes. Ils modifiaient la composition chimique de leurs feuilles de telle sorte que leur valeur nutritive diminue et que leur goût se modifie. Les arbres étaient donc capables d'introduire un changement dans la composition protéique de leurs feuilles et de se débarrasser ainsi de leurs prédateurs. Cette ruse salvatrice est également connue chez le lupin. Ce dernier sécrète des substances toxiques qui le protègent des pucerons, des chenilles et des sauterelles, et dissuadent moutons et chèvres de le dévorer.

Des signaux olfactifs transmis par les airs

Une étude dans laquelle des arbres étaient exposés, à des fins expérimentales, à des chenilles d'une espèce particulièrement vorace a donné des résultats encore plus stupéfiants.

Les arbres ont réussi, là encore, à rendre leurs feuilles indigestes et moins nourrissantes. Observant que les sujets témoins – des arbres qui n'étaient pas touchés par les nuisibles – modifiaient, eux aussi, la composition de leurs feuilles, les chercheurs supposèrent d'abord que l'information était transmise par contact entre les racines. Cependant, des arbres situés à une centaine de mètres réagissant aussi, il devint évident que les signaux étaient transmis par voie aérienne ; les chercheurs identifièrent le gaz messager – l'éthylène –, qui est produit par l'activité hormonale des plantes.

A l'état naturel ou au jardin, mais aussi dans la maison, les cyclamens se développent mieux en groupe que lorsqu'ils sont isolés.

La communication par l'aura

Les plantes communiquent aussi par leur aura, ce champ d'énergie qui entoure hommes, animaux et plantes. Lorsque plusieurs plantes se développent côte à côte, leurs auras s'interpénètrent et peuvent créer un véritable courant d'énergie. Celui-ci peut avoir des effets positifs ou négatifs sur chacune des parties (voir aussi page 13 « Des associations réussies »). Ainsi, lorsqu'un yucca est placé près d'un cyclamen, ce dernier ne supporte pas longtemps l'énergie beaucoup plus agressive du yucca, et il dépérit. Des plantes telles que les sabots-de-Vénus ou les cyclamens sont plus prospères lorsqu'elles sont en groupe. Elles se soutiennent mutuellement par leur énergie et forment une aura qui s'étend comme un baldaquin au-dessus de toute la communauté.

La communication avec les hommes

C'est également par l'aura que les plantes communiquent avec l'homme. Lorsque celui-ci s'adresse à elles sur un mode positif, l'aura des plantes se dilate et emmagasine cette énergie qui les aide à se développer, à produire de plus belles fleurs et à mieux se défendre contre les maladies. En cas de colère ou d'éclats de voix, au contraire, l'aura de la plante s'étiole. Cet effet est encore aggravé si l'agression est dirigée contre la plante elle-même, qui peut alors dépérir.
Des plantes fortes, saines et bien soignées restituent une

C'est sur le dragonnier, une plante d'appartement et de bureau très appréciée, qu'ont porté les essais du chercheur américain Cleve Backster, selon lequel les plantes peuvent lire nos pensées.

part de l'énergie positive que l'homme leur manifeste et qu'elles emmagasinent. Nous nous sentons alors attirés par ces végétaux, recherchons leur contact et éprouvons du plaisir à les voir se développer. Nous communiquons donc avec les plantes en instaurant un courant d'énergie qui influe sur notre aura et sur celle des plantes.

Les plantes peuvent-elles lire nos pensées ?

On a appelé « effet Backster » un phénomène qui semble indiquer que ce pourrait être le cas. Cleve Backster, de l'université de San Diego, en Californie, est considéré comme le père de la communication moderne avec les plantes. Il y a vingt-cinq ans, il a découvert par l'étude d'un dragonnier *(Dracaena)* que les plantes étaient capables de réagir aux pensées et aux sentiments de l'homme.

Backster était un spécialiste des détecteurs de mensonges, qui sont admis par les tribunaux aux États-Unis – mais pas en Europe – comme éléments de preuve. Ces détecteurs mesurent chez l'homme les variations électriques résultant des modifications de la fréquence respiratoire, de la pression sanguine et de la transpiration. Les experts peuvent établir, à partir des courbes obtenues, si les personnes interrogées mentent ou disent la vérité.

Backster eut l'idée de brancher un détecteur de mensonge sur le dragonnier qui se trouvait dans son bureau. Chez l'homme, il avait observé que c'est en cas de menace que la réaction est la plus vive. Il décida donc de menacer la plante et envisagea de brûler une feuille du dragonnier. Mais, au moment même où il concevait cette idée, le détecteur de mensonges bougea. La seule intention avait donc suffit à faire réagir la plante. Il se demanda si le dragonnier se sentait menacé par ses simples pensées et alla chercher des allumettes, pour pousser l'essai un peu plus loin. Finalement, Backster établit par une série d'essais documentés que le dragonnier réagissait à ses pensées.

Le chercheur indien Jagadis Bose a démontré, quant à lui, que les plantes possèdent une sorte de système de conduction des influx comparable au système nerveux des hommes et des animaux.

Il est intéressant de noter que, selon Backster et Bose, les plantes réagissent plus vivement et plus rapidement aux émotions négatives qu'aux émotions positives. Cette théorie apporte un éclairage nouveau sur la fameuse « main verte » : les individus exprimant des émotions positives ont une action positive sur les plantes dont ils s'occupent. Ceux qui n'aiment pas vraiment les plantes ne sont pas de bons jardiniers.

La communication par les biophotons

Dans les années 60, le physicien allemand Fritz-Albert Popp s'interrogea, dans le cadre de la recherche sur le cancer, sur le fait que certaines substances chimiques provoquent le cancer alors que d'autres, de structure chimique similaire, sont inoffensives. Popp observa que ces différences étaient imputables à la lumière. L'action des rayonnements ultraviolets induisait des écarts considérables dans le comportement biochimique de substances à la structure moléculaire proche. Les unes provoquaient le cancer, les autres non. Popp décida de s'intéresser de plus près à la lumière au niveau cellulaire, car il avait constaté que c'était une fonction clé pour comprendre la communication entre les cellules d'un organisme. Comme les physiciens désignent les particules élémentaires de lumière par le terme de photons, il créa le terme de « biophotons » pour désigner la lumière des cellules vivantes. Il s'agit, selon Popp, de vecteurs de l'information, grâce auxquels chaque cellule végétale ou animale sait à chaque instant ce qui se passe dans l'ensemble de l'organisme.

Popp observa en outre que la lumière des cellules est comparable à un rayon laser. Le laser est utilisé, on le sait, dans les télécommunications, pour transmettre des informations. L'étude de la communication chez les plantes – les premiers essais portèrent sur le concombre – déboucha sur des théories scientifiques entièrement nouvelles, selon lesquelles les ondes émises et reçues par les hommes, les animaux et les plantes, qui véhiculent des informations et constituent un

Dans la lumière des cellules vivantes – leurs biophotons, pour reprendre le terme du physicien Popp – sont stockées des informations. Le fonctionnement de ce système est comparable à celui des faisceaux laser utilisés dans les télécommunications.

champ autour de chaque individu, sont la lumière de la vie présente au sein de la cellule. C'est ce rayonnement, cette lumière émise, que l'on désigne, dans le langage ésotérique, par le terme d'aura.

Les vibrations des plantes

Qu'entend-on par ce terme de vibrations des plantes, peut-on les sentir, les voir, établir scientifiquement leur présence ? Comment agissent-elles sur l'homme ? Quels sont les domaines dans lesquels les vibrations jouent un rôle ? Le présent chapitre traitera de la vie des plantes sous l'angle de l'infinitésimal, et s'efforcera de sensibiliser le lecteur aux vibrations qu'elles émettent, au mode d'action de ces vibrations et aux différents domaines où elles interviennent.

La structure des vibrations (aura)

Le terme de vibration, ou vibration énergétique, désigne l'aura entourant chaque être vivant, donc également chaque plante. Cette énergie se propage de façon différente selon les plantes (voir les pages 22 et suivantes).
Elle est structurée en plusieurs couches, au centre desquelles

L'aura des plantes et des hommes est constituée de plusieurs couches. La plante émet toute une gamme de vibrations énergétiques, qui interfèrent selon une intensité variable avec l'aura des êtres humains.

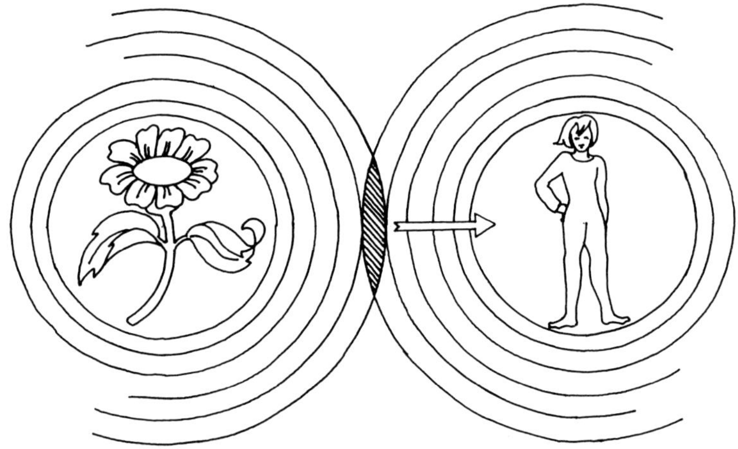

se trouve une sorte d'émetteur récepteur. L'énergie y est absorbée, emmagasinée, et peut ensuite être restituée. Chaque couche possède une fréquence propre ; l'ensemble est donc comparable à une série d'émetteurs de fréquences différentes. Plus ces fréquences sont proches de celle de notre propre aura, plus la plante nous est sympathique. Les plantes qui nous entourent émettent une gamme de vibrations énergétiques interférant plus ou moins avec notre propre aura.

Comment percevoir ces vibrations ?

Posez une plante devant vous, sur une table. Cette plante est entourée d'une enveloppe d'énergie infinitésimale que vous ne pouvez pas voir : son aura. Fermez les yeux et promenez vos mains, paumes vers la plante, à 5 centimètres de celle-ci. Vous éprouverez peut-être une légère sensation de froid ou de chaleur, une pulsation ou un picotement.
Si vous n'êtes pas sûr de vos impressions, vous pouvez faire l'expérience suivante : en forêt ou à proximité d'un groupe d'arbres, après le coucher du soleil, placez-vous à une distance de 10 à 15 mètres des arbres et fixez votre attention pendant 5 minutes à une hauteur de 1 à 3 mètres au-dessus de la cime des arbres. Puis fermez les yeux pendant 1 minute. Rouvrez-les très lentement. Il est probable que vous verrez pendant un instant une couronne lumineuse au-dessus des arbres. Cette couronne lumineuse est l'enveloppe d'énergie de la plante. Les physiciens ont pu la mettre en évidence par la technique photographique de Kirlian.
Les individus doués de voyance perçoivent l'aura des plantes sous la forme d'un nuage d'énergie offrant un dégradé de couleurs et scintillant comme un arc-en-ciel. Avec l'entraînement, ils peuvent déterminer avec précision l'état énergétique de la plante et en tirer des conclusions quant à ses effets curatifs. Les personnes ultra-sensibles peuvent sentir avec leurs mains le nuage d'énergie entourant les plantes et sont capables d'établir très rapidement un contact mental avec le monde végétal. Les personnes dotées d'un sens olfac-

tif hors du commun perçoivent l'aura des plantes à l'odeur. Plus rares sont ceux qui réunissent ces trois dons.

Transmission et effets des vibrations

Les vibrations des plantes se transmettent par l'intermédiaire de l'aura infinitésimale qui entoure l'être humain et se rattache à son corps par des centres d'énergie appelés chakras. L'énergie de la plante est conduite, par l'intermédiaire de ces centres, jusqu'à des points de répartition de l'énergie beaucoup plus petits, les nadis. Les nadis conduisent l'énergie de la plante, par le système nerveux et le système endocrinien, jusqu'à notre sang. Le sang alimente en énergie chaque cellule et chaque organe du corps.

La vibration énergétique d'une plante est absorbée de façon plus instinctive, plus intuitive, que consciente. Pourtant, son action correspond à l'aura de la plante. Ainsi, lorsque nous avons soudain envie d'avoir chez nous un cerisier d'amour aux fruits rouge vif, c'est qu'il nous manque un facteur de stimulation que cette plante peut nous apporter par l'énergie de ses vibrations. Un regard sur un adénium peut nous aider à nous concentrer sur notre travail, car ses vibrations recentrent nos pensées. Et si notre figuier pleureur cesse soudain de nous plaire, cela peut signifier que l'énergie qu'il émet ne nous convient plus, parce que notre vie a changé.

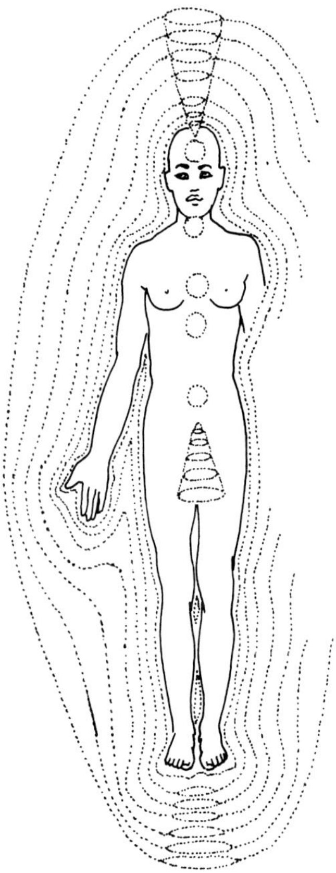

Aura (vibrations) de l'être humain, avec les chakras (centres de l'énergie) et les nadis (points de répartition de l'énergie). Les vibrations des plantes parviennent à ces zones, puis sont transmises par conduction au reste de l'organisme.

Les plantes sources d'énergie : sélection

Jamais on n'a trouvé sur les marchés autant d'espèces et de variétés de plantes en pot ou en bac. On peut certainement en compter plus d'un millier, et il en arrive de nouvelles chaque année. Il n'est pas question, dans le cadre de cet ouvrage, de traiter de chacune et de la nature des vibrations qu'elle émet. Vous trouverez (à partir de la page 37) un répertoire des plantes dont j'ai pu, au fil des ans, étudier et classer l'énergie et les vibrations. Certaines d'entre elles émettent une vibration très forte et très positive, d'autres sont d'un abord plus difficile.

Les plantes les plus difficiles

Naturellement, ces plantes n'ont pas que des traits négatifs, mais il importe de bien choisir leur emplacement. Leur énergie est si forte qu'elles peuvent assurer une fonction de défense ou exercer une action fortement stimulante.

- ***Aechmea*, billbergia :** cette plante, qui émet des impulsions semblables à des flèches, a parfois une action déstabilisante. Pourtant, elle peut convenir parfaitement aux personnes qui ne savent pas se défendre.

- ***Cactaceae*, cactées :** plus leurs épines sont longues et pointues, plus elles sont agressives, y compris pour ce qui est de leur énergie. Leur bon côté : elles constituent une parade contre les facteurs de perturbation extérieurs.

- ***Euphorbia pulcherrima*, étoile de Noël :** cette plante commercialisée à la période de Noël est malheureusement cultivée en monoculture intensive dans une très mauvaise terre, et traitée avec des engrais chimiques. Mais les plantes cultivées artisanalement ont une énergie de très bonne qualité, qui exerce une action stimulante sur l'organisme et le système nerveux.

- ***Neoregelia*, néorégélia :** les flèches d'énergie, dirigées vers l'extérieur, agissent comme des piques et créent une atmosphère inquiétante, à la fois menaçante et agressive. Cependant, cette plante tient le « mal » à distance et protège des émotions négatives.

- ***Sansevieria trifasciata*, sansevière :** c'est le combattant par excellence, parmi les plantes d'intérieur. Toute émotion ou disposition d'esprit, qu'elle soit positive ou négative, est potentialisée par la sansevière.

- ***Yucca*, yucca :** l'énergie agressive, heurtée, rapide et violente du yucca fait exploser les colériques et sème le trouble dans toutes les pièces. A l'extérieur, en revanche, comme plante en bac, elle peut assurer une protection et une isolation parfaites.

Les 8 plantes à

Cette sélection est un choix subjectif fondé sur mon expérience personnelle. Il est donc préférable de ne vous y référer qu'après avoir vérifié, d'après la description, que la plante correspond à votre personnalité. Fiez-vous d'abord à votre intuition ! Cette liste peut vous aider dans le choix d'une plante à offrir ; vous pourrez également vous y reporter pour l'aménagement de bureaux ou de locaux collectifs.

***Bambusa vulgaris* Bambou :** le bambou ornemental apporte dans la maison une formidable énergie, qui agit sur les hommes et les animaux. L'énergie de la vibration est très subtile et très intense. Elle est remarquablement stimulante pour la créativité et la sensibilité.

***Citrus* Citronnier/oranger :** ces plantes au parfum très agréable portent toute l'année fleurs, feuilles et fruits. Elles emplissent les pièces de gaieté, de bonne humeur et de joie de vivre. Leur nuage d'énergie transforme les vibrations négatives en vibrations positives.

***Chlorophytum comosum* Phalangère :** la phalangère neutralise remarquablement les polluants dans les habitations, purifie l'atmosphère dans les constructions neuves, transforme l'énergie négative en énergie positive et constitue un remarquable activateur.

***Dracaena* Dragonnier :** la vibration du dragonnier est très agréable pour l'homme. C'est une véritable source d'énergie qui jaillit régulièrement vers le haut. Par ailleurs, cette plante favorise l'élimination des polluants chimiques.

l'énergie la plus forte

***Hedera helix* Lierre :** cette plante, qui demande peu de soins, donne des ailes ; son énergie est toujours dirigée vers l'avant. Le lierre a une action entièrement positive, qui aide les individus à se sortir des situations les plus difficiles.

***Nephrolepis* Néphrolépide :** cette plante agit comme un filtre purifiant sur le système nerveux. Elle est particulièrement recommandée pour ceux qui doivent fournir un important travail intellectuel ou s'adapter à une équipe.

***Oncidium papilio* Oncidium :** fleur de la séduction par excellence, cette orchidée est particulièrement appréciée des femmes. Elle donne confiance en soi, aide à s'imposer et favorise l'ouverture aux autres, ce qui peut aller jusqu'au contact érotique.

***Rosa chinensis* Rosier nain :** le rosier nain ouvre les cœurs. De toutes les fleurs, c'est celle qui émet la vibration la plus subtile et la plus intense, mais seulement lors de la floraison. Il favorise l'amour de la nature, et des animaux, et l'amitié envers les humains.

Les 12 principaux

Vibration de type ondes (à gauche) : elle se propage en tous sens à partir du centre de la plante. Elle neutralise les facteurs néfastes (ondes électromagnétiques, par exemple) et les angoisses d'ordre relationnel ou professionnel.

Vibration en éventail (à droite) : elle se déploie en éventail du cœur de la plante à l'extrémité des feuilles et agit dans une pièce comme un ventilateur au mouvement lent, assurant une répartition optimale de l'énergie.

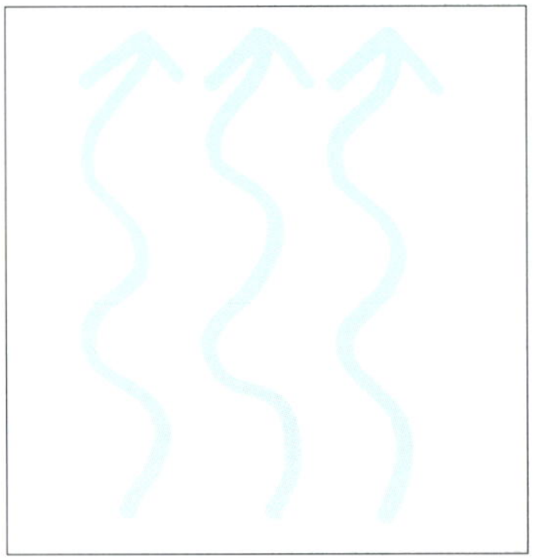

Vibration en nuage (à gauche) : elle se dilate en tous sens comme un nuage, délivre beaucoup d'énergie et aide à refaire le plein après une maladie, par exemple. Elle est compatible avec tous les autres types de vibrations.

Vibration en jet d'eau (à droite) : c'est une énergie puissante, concentrique, jaillissant du tronc de la plante comme l'eau d'une fontaine. Chez les plantes en bonne santé, l'énergie descend et remonte en une sorte de circuit continu.

Vibration de type éolienne (à gauche) : cette force rotative délivre beaucoup de bien-être aux hommes, aux animaux et aux autres plantes. Ces plantes s'épuisent plus vite que les autres et ont besoin de périodes de repos régulières.

Vibration en nuage (à droite) : c'est une énergie douce et régulière convenant à tous. Ces plantes sont d'inépuisables réservoirs d'énergie, qui ne doivent pas être placés à côté de plantes émettant une énergie de type flèche ou pointes.

types de vibrations

Vibration en spirale ascendante (à gauche) : le flux d'énergie monte des racines vers la tige, s'enroule en spirale jusqu'à l'extrémité des feuilles et des fleurs, et repart des fleurs en décrivant de larges cercles.

Vibration en spirale descendante (à droite) : l'énergie se rassemble, se concentre dans la plante, et s'y accumule. Elle est bénéfique pour ceux qui ont du mal à se concentrer et à se décider.

Vibration à pointes et angles vifs (à gauche) : elle est généralement perçue comme désagréable, voire menaçante. Ne pas placer ces plantes à moins de 1 mètre d'un poste de travail ou de repos. Cette énergie est déconseillée aux êtres sensibles et aux enfants.

Vibration en flèche (à droite) : elle peut être ressentie comme blessante, mais offre une bonne protection. C'est un activateur efficace, déconseillé toutefois aux enfants et aux animaux.

Vibration tournant vers l'extérieur (à gauche) : la spirale d'énergie tourne du centre de la plante vers l'extérieur, en cercles de plus en plus larges. Elle exerce une action très stimulante et forte ; ne pas l'associer aux vibrations de type nuage.

Vibration tournant vers l'intérieur (à droite) : l'énergie décrit des cercles de l'extérieur vers l'intérieur, où elle se densifie et s'accumule. Ce type d'énergie est relativement rare.

Le rôle subtil des couleurs des plantes

Les couleurs jouent, dans les thérapies anciennes et modernes, un rôle considérable. Elles agissent sur l'humeur et peuvent avoir une action curative. Instinctivement, nous choisissons pour nos vêtements ou les objets de la maison des couleurs qui s'accordent à nos états d'âme. L'homme est capable de percevoir et de distinguer les couleurs. Les normes définissent la couleur comme un stimulus optique non formel ; du point de vue physique, les couleurs correspondent à différentes fréquences de la lumière. La lumière, quant à elle, est une vibration énergétique. Les couleurs des fleurs sont donc des sources d'énergie douées de formes particulièrement attrayantes.

Selon les couleurs des fleurs, leurs vibrations agissent sur des domaines différents de notre vie.

Blanc — *Pureté, clarté, lien avec les sphères supérieures du moi.*

Jaune — *Sentiments de colère, jalousie, envie, haine, amour, bonheur, joie.*

Orange — *Érotisme, sexualité, capacité relationnelle, sensualité.*

Rouge — *Agressivité, puissance sexuelle, amour de la nature, activité.*

Bleu — *Intellect, pensée structurée, créativité, spontanéité.*

Lilas — *Relation avec l'âme, valeurs éthiques, amour universel.*

Où placer une plante ?

Recherchez, lors de l'achat d'une plante, où votre nouvelle compagne doit être placée, et quels apports d'eau et d'engrais elle demande. Vous trouverez dans les ouvrages spécialisés des indications sur le rempotage, la multiplication et les périodes de repos. Surveillez la température et l'humidité, surtout en hiver. Bon nombre de plantes en bac doivent être rentrées avant les premiers froids et peu arrosées en hiver.
Les descriptions des pages 38 à 123 vous indiqueront les pièces et les personnalités auxquelles convient la plante de votre choix. Ne placez pas une plante stimulante à côté de votre lit. D'une façon générale, il ne doit y avoir dans une chambre à coucher que des sujets isolés, même lorsqu'il s'agit de plantes apportant calme et repos. La nuit, les plantes, comme les humains, consomment de l'oxygène et dégagent de l'azote dans l'atmosphère. C'est seulement lorsqu'elles reçoivent la lumière du jour qu'elles font la synthèse de l'oxygène.
Ne placez pas près de vous ou de vos enfants des plantes ayant des propriétés toxiques ou dont le contact peut être irritant pour la peau ou les muqueuses. Prenez garde également à ne pas exposer vos animaux domestiques.

Le latex qui s'écoule de l'étoile de Noël est irritant pour la peau et les muqueuses ; il ne faut donc pas placer la plante dans une chambre ou à portée des enfants.

Domaines d'application

Au chapitre sur la communication chez les plantes (pages 12 et suivantes), on a vu à propos de l'aromathérapie comment les vibrations des plantes se transmettent et agissent à travers un milieu tel que l'eau. L'homéopathie classique utilise également l'énergie des plantes, qui agit même aux dilutions les plus extrêmes. La phytothérapie classique est un autre exemple de l'usage qui peut être fait, dans le domaine des thérapeutiques naturelles, des décoctions et extraits secs de différentes parties des plantes, de même que l'aromathérapie, qui fait appel à des essences de plantes. Vous trouverez ci-après un aperçu des domaines dans lesquels sont utilisées les propriétés des plantes.

Les essences de Bach

« Comme la musique, par exemple, qui a le pouvoir d'exalter nos sentiments, les essences de fleurs élèvent tout notre être et nous rapprochent des sphères supérieures de l'âme. Elles nous apportent ainsi la paix et nous délivrent de nos maux. Elles ne soignent pas en s'attaquant directement à la maladie, mais en faisant pénétrer dans toutes les parties de notre corps les vibrations de notre être supérieur, grâce auxquelles la maladie fond comme neige au soleil. La santé est un état de complète harmonie entre le corps, l'âme et l'esprit. La véritable guérison passe par cette harmonie interne. »

Edward Bach

Le principe de la vibration des plantes a été utilisé dans diverses disciplines. Dans les années 30, près de Londres, le médecin Edward Bach, qui possédait, je pense, les trois dons mentionnés plus haut, n'était pas satisfait des méthodes auxquelles recourait la médecine classique pour traiter les troubles mentaux et psychiques. Bach s'intéressait particulièrement aux personnes âgées et aux enfants, pour lesquels il recherchait des modèles thérapeutiques adaptés. Considérant que la maladie a toujours une cause générale, il abandonna, à l'âge de 43 ans, son cabinet florissant pour consacrer les dernières années de sa vie à la recherche d'une « thérapeutique plus simple, naturelle ». Pendant six ans, jusqu'à sa mort, il se livra à des expériences sur les plantes et développa les essences de fleurs qui portent son nom. Son but était d'aider les hommes atteints de maladies psychiques et mentales par des principes actifs hautement efficaces, mais exempts de nocivité.

Bach développa deux méthodes de fabrication des essences. La première, fondée sur l'action du soleil, consiste à cueillir les pétales de la plante le matin, après l'évaporation de la rosée ; dans un récipient en céramique ou en porcelaine, les pétales sont additionnés d'eau de source fraîche. Le soleil sert de catalyseur et permet que la vibration des fleurs soit transmise à l'eau. L'obtention de l'essence demande, selon les cas, de quelques minutes à plusieurs heures. L'essence est filtrée et additionnée d'alcool pour la conservation.

La seconde méthode, appliquée généralement à des racines ou à des morceaux d'écorce, consiste à faire bouillir les végétaux dans l'eau. La décoction est filtrée et additionnée d'alcool pour la conservation.

Les essences de Bach sont utilisées avec succès dans le monde entier depuis plus de soixante ans, et leur efficacité a été largement reconnue par la médecine classique. On trouve dans le commerce 38 essences classiques, comme le chêne (Oak), le hêtre (Beech), l'herbe à mille-florins (Centaury), l'olivier (Olive) ou la verveine (Vervain).

Après Edward Bach, l'énergie de 38 nouvelles essences a été étudiée ; certaines d'entre elles proviennent de plantes exotiques comme *Aloe, Hibiscus* ou *Passiflora*, que nous cultivons en pot ou en bac.

Les essences de Bach, comme celle de l'herbe à mille-florins (Centaury), sont utilisées aujourd'hui dans le monde entier à des fins thérapeutiques.

L'homéopathie classique

Le médecin allemand Samuel Hahnemann est considéré comme le fondateur de l'homéopathie classique. Il constata dans sa pratique médicale les limites des traitements allopathiques et observa sur lui-même que plus un médicament était dilué et reconditionné, plus il produisait de réactions et d'effets thérapeutiques nouveaux.
Avec les médicaments fabriqués et testés par lui, il établit qu'au-delà de la vingt-troisième dilution, il n'y avait plus trace des molécules de la plante utilisée ; malgré cela, ou justement grâce à cela, la vibration de la plante, présente dans l'eau sous forme diluée, donnait l'impulsion nécessaire au déclenchement des défenses du patient.
A la recherche de méthodes thérapeutiques plus efficaces, il développa une conception du traitement de la maladie fondée sur une approche globale du patient et partant, non de symptômes isolés, mais de l'état physique, psychique et mental du patient et de ses conditions de vie. La démarche était différente selon qu'il s'agissait de pathologies aiguës ou chroniques. Son traité sur l'homéopathie reste aujourd'hui encore une référence.
Hahnemann considérait que les maladies ne résultent jamais d'un élément matériel, mais d'un facteur relevant de la sphère mentale, auquel le médecin doit opposer un facteur similaire, susceptible d'induire les mêmes effets (principe de l'homéopathie). Il s'agit donc de soigner l'esprit avant le corps.

La méthode utilisée pour obtenir, à partir des fleurs d'ajonc, une essence aux vertus reconnues est fondée sur l'action du soleil.

L'aromathérapie

Cette thérapeutique utilisée depuis des temps très anciens fait appel au parfum des plantes. Les naturalistes emploient le terme d'aromates ou d'éthers, qui évoque le caractère volatil de l'arôme des plantes (du grec *aither* : hautes couches de l'atmosphère). Étymologiquement, ce terme pourrait être proche du latin *aeternus* (éternel). Dans l'Antiquité, en effet, les hommes plaçaient la vie éternelle dans l'éther, un fluide très subtil régnant au-dessus de l'atmosphère. Les parfums ou aromates étaient supposés faire le lien entre ici-bas et l'au-delà. On brûlait des substances aromatiques pour se concilier les dieux, et l'on enduisait les hauts personnages d'huiles parfumées.

Chimiquement, les parfums sont proches des hormones et agissent comme tels sur les hommes, les animaux et les plantes. L'hormone végétale la plus connue est l'éthylène, émis notamment par les pommes mûres, et qui favorise la floraison des broméliacées, par exemple, ou accélère le mûrissement des autres fruits. Les essences de roses, qui ont sur l'homme une action érotisante, jouent le rôle d'appât sexuel chez le bourdon ou la fourmi. Toutes les senteurs naturelles agissent sur l'homme par l'intermédiaire du système limbique, une région du cerveau qui s'est développée dès les premiers stades de l'évolution. Notons que les parfums de synthèse, si répandus de nos jours en cosmétologie, n'ont aucune action énergétique.

Lorsque des broméliacées tardent à fleurir, il suffit de les placer sous plastique pendant deux semaines avec quelques pommes ; l'éthylène provenant des pommes accélère la floraison.

Certaines plantes sont connues pour embaumer appartements, jardins d'hiver, balcons et terrasses :

- oranger, citronnier (diverses espèces de *Citrus*)
- jasmin (diverses espèces de *Jasminum*)
- géranium à feuilles odorantes (diverses espèces de *Pelargonium*)
- gardénia *(Gardenia jasminoides)*
- jasmin de Madagascar *(Stephanotis floribunda).*

La phytothérapie

Cette méthode thérapeutique est attestée en Europe centrale dès le Moyen Âge. La pharmacopée des ordres religieux se fondait sur la culture et la cueillette d'herbes et de plantes. Accoucheuses et sages-femmes contribuèrent, elles aussi, à jeter les bases de la phytothérapie moderne.

La phytothérapie utilise tant la plante elle-même que son essence et sa vibration. Dans ma démarche thérapeutique, l'utilisation des plantes de nos régions a fait ses preuves. Leur potentiel énergétique est beaucoup plus proche du nôtre que celui des plantes tropicales, y compris lorsqu'il s'agit de la même plante (racines d'angélique, par exemple).
Le champ d'application de la phytothérapie est très vaste. On peut parfaitement fabriquer soi-même des huiles utilisables en friction (huile de millepertuis, par exemple), des poudres à ingérer (tel le gingembre) ou des teintures (comme la teinture d'arnica). Les compresses, pommades, inhalations, bains et sirops soulagent très rapidement les maux les plus divers. Une tasse d'infusion de camomille contre les douleurs d'estomac relève de la phytothérapie. L'action anti-inflammatoire du principe actif de la camomille s'ajoute aux effets de l'essence et à la vibration énergétique de la plante.

Les fleurs du vrai jasmin, Jasminum officinale, *ont un arôme érotisant. Il n'est donc pas étonnant que l'essence de jasmin compte parmi les composants des parfums de luxe.*

Selon le Feng shui, théorie chinoise de l'harmonie, une plante suspendue retombant en cascade de fleurs attire les énergies positives et répartit les forces animées d'un mouvement trop rapide.

Le Feng shui

Agressives ou facteurs d'harmonie, les plantes sont placées différemment, dans une pièce, selon leur mode d'action. Le Feng shui – un courant philosophique chinois – a pour objet d'accroître l'énergie présente en un lieu et d'apporter ainsi à l'homme harmonie, bien-être, force, santé, bonheur et richesse. Dans ce système complexe qui aide à orienter l'énergie de façon ciblée dans les lieux d'habitation, les végétaux sont un facteur d'activation et d'harmonie.

Ne placez jamais une plante d'intérieur dans l'axe reliant deux portes, ou une porte et une fenêtre : elle dépérirait. N'installez pas dans un rayon de moins de 1 mètre d'un lieu de travail ou de repos des plantes aux formes dures et heurtées, aux feuilles rigides et anguleuses, ou présentant des épines ou des aiguilles. Leur énergie infinitésimale pourrait contrarier votre aura.

Entourez-vous toujours d'espèces qui correspondent à votre goût personnel. Lorsqu'une plante que l'on vous offre ne vous est pas sympathique d'emblée, ne la gardez surtout pas. Votre antipathie masquée nuirait à son développement, et elle aurait une influence négative sur le niveau d'énergie dans votre environnement.

Pour apporter aux angles, renfoncements, paliers, murs en saillie ou encorbellements l'harmonie du Feng shui, choisissez des plantes fluides, retombantes, ou des espèces à feuilles arrondies.

Les plantes à fleurs et à fruits apportent plus d'énergie que les plantes vertes, les grandes plantes plus que les petites. Un feuillage tout en rondeur et en souplesse irradie une énergie plus positive, selon le Feng shui, que des feuilles dures, pointues, épineuses et agressives. Plus une plante est exubérante et bien portante, plus le nuage d'énergie qui l'entoure est dense. La beauté d'une plante suspendue retombant en cascade de fleurs, d'une plante arborescente couronnée de feuillage ou d'une plante à feuilles persistantes taillée en boule a une action positive sur les êtres humains.

Les plantes suivantes dégagent une énergie positive au sens du Feng shui :

- oranger, citronnier (diverses espèces de *Citrus*)
- dollar-d'argent *(Crassula arborescens)*
- chaîne-des-cœurs *(Ceropegia woodii)*
- dormeuse *(Maranta leuconeura)*
- figuier lyre *(Ficus lyrata)*
- vigne d'appartement (diverses espèces de *Cissus*)
- cyclamen (diverses espèces de *Cyclamen*)
- bégonia à fleurs (diverses espèces de *Begonia*)
- bougainvillée (diverses espèces de *Bougainvillea*)
- amaryllis *(Hippeastrum* hybrides*)*
- géranium (*Pelargonium* hybrides)
- calcéolaire (diverses espèces de *Calceolaria*)
- camélia (diverses espèces de *Camellia*)
- chrysanthème (diverses espèces de *Chrysanthemum*)
- hibiscus *(Hibiscus rosa-sinensis)*.

Le choix du cache-pot (couleur, forme, matériau) influe également sur la vibration d'une plante. Des espèces comme le papyrus, qui demandent beaucoup d'eau, ne doivent jamais être placées dans des pots rouges circulaires, car le Feng shui les associe au feu.

Pour que l'énergie de la plante s'épanouisse, elle doit naturellement recevoir des soins adaptés et attentionnés. Du reste, le seul fait de travailler la terre et de s'occuper de plantes est positif du point de vue du Feng shui, car ces activités restaurent l'harmonie du corps et de l'âme, et réconcilient avec la nature, ce qui est l'un des objectifs premiers de cette philosophie chinoise traditionnelle.

Un arbuste taillé en boule est un plaisir pour les yeux ; selon le Feng shui, il retient les forces du Bien. Idéal de part et d'autre d'une porte d'entrée.

Nouveau regard sur l'entretien des plantes

Traditionnellement, les soins apportés aux plantes consistent à leur fournir eau et engrais, à les rempoter, à les tailler et à les protéger des maladies et des parasites. Ces aspects seront rapidement évoqués dans chacun des portraits des pages suivantes (à partir de la page 37). Mais il existe bien d'autres méthodes pour aider plantes vertes et plantes à fleurs à s'épanouir. Ces méthodes sont liées, elles aussi, aux vibrations et à l'énergie.

Plus d'énergie en groupe

En observant la nature, on constate que les plantes aiment vivre parmi leurs semblables et cherchent la compagnie des autres. Dans la nature, l'intervention humaine n'est pas nécessaire. Au jardin et dans la maison, en revanche, il nous appartient de décider des végétaux que nous plantons ou plaçons côte à côte.

Certaines plantes, comme les mini-cyclamens ou les violettes du Cap, donnent une impression de gentillesse et de timidité. Elles s'épanouissent pleinement lorsqu'elles sont en groupe.

Il est préférable de laisser seules les plantes qui ont une forte présence et s'autosuffisent – les jardiniers parlent de « solitaires ». Ce sont soit de très grandes plantes, comme les palmiers et autres arbustes d'appartement, soit des plantes à caractère agressif présentant des feuilles ensiformes aux contours aigus, ou encore des dents, des épines ou des pointes, comme le yucca. En revanche, les plantes qui donnent une impression de douceur et de modestie, comme les mini-cyclamens ou les violettes du Cap, et les plantes aux feuilles pleines de grâce, comme les ficus à petites feuilles, se sentent beaucoup mieux lorsqu'elles sont placées parmi leurs semblables. Plus une plante paraît fragile, gracile et tendre, plus sa vibration est sensible. Imaginez une capillaire à côté d'un yucca. En peu de temps, ce dernier s'imposera et la fougère s'étiolera.

Plus d'énergie grâce à la musique

Il est scientifiquement prouvé que les fréquences musicales agissent sur les plantes. De même que les réactions émotionnelles et physiques à la musique diffèrent sensiblement d'une personne à l'autre, les plantes ont leurs préférences en ce domaine, et si vous avez une nette prédilection pour Chopin ou Mozart, il y a de fortes chances que vos plantes aient les mêmes goûts que vous.

Les plantes aiment Mozart, Vivaldi, Chopin aussi. En revanche, elles perdent feuilles et fleurs lorsqu'elles sont exposées continûment aux battements de la musique techno. Rien d'étonnant à cela ; la techno produit aussi des troubles chez l'homme.

Plus d'énergie grâce à l'aromathérapie

Page 13 a été décrit le mode d'action des produits phytosanitaires d'origine biologique. Cette méthode, qui a remporté en 1993 un prix de l'environnement, est utilisée depuis des années dans l'agriculture, l'horticulture, la culture d'herbes aromatiques et la viticulture. Les produits phytosanitaires sont proposés en petits conditionnements pour les plantes d'intérieur.

Plus d'énergie grâce aux pierres semi-précieuses

Les pierres semi-précieuses sont connues pour leur rôle d'activateurs d'énergie. On peut les placer directement dans le pot avec la plante, mais il est préférable de les faire tremper quelques heures dans l'eau d'arrosage. Toutes les pierres claires et transparentes conviennent pour cet usage, en particulier le cristal de roche, le quartz rose et l'aigue-marine. Le risque de « surénergétisation » est exclu.

Plus d'énergie grâce à l'activation de l'eau d'arrosage

Tous les filtres retenant le calcaire et adoucissant l'eau sont bénéfiques et activent l'eau d'arrosage. Si votre maison est équipée d'une installation d'adoucissement, faites bénéficier vos plantes de l'eau ainsi traitée.

Plus d'énergie grâce à l'amour

N'hésitez pas à parler à vos plantes, à voix haute ou en pensée. Partagez vos émotions – joie, bonheur, bien-être, sentiment amoureux – et vos sentiments positifs avec vos plantes d'intérieur, et complimentez-les pour chaque nouvelle feuille ou fleur qu'elles vous offrent.

Les 86 plantes les plus importantes de A à Z

Vous sont proposées dans les pages suivantes 86 descriptions de plantes d'intérieur, sélectionnées en raison de l'énergie qui les caractérise. Chaque descriptif est conçu de la façon suivante :

Vous trouverez d'abord une **photographie** de la plante, suivie de son nom **botanique** (latin) et de son nom **commun**. **Aspect, origine, exposition** et **soins** ne sont traités que brièvement dans ce guide.

L'interprétation de l'aura de chaque plante se trouve sous la rubrique **mode d'action**. Le paragraphe **particularités** comprend des conseils personnels et, notamment, des indications sur le choix d'un emplacement. Lorsque les plantes sont connues pour neutraliser les polluants chimiques, cette particularité figure sous la rubrique **écologie**.

Enfin, la rubrique **vibration de la plante** traite de son énergie spécifique. Le symbole correspondant figure en marge de chaque portrait.

La calcéolaire (à gauche) est une fleur de balcon très appréciée, en raison sans doute de son aspect pimpant. Sa vibration énergétique tourne en spirale de l'extérieur vers l'intérieur.

Adenium obesum *focalise et concentre l'énergie.*

Adenium obesum

Adénium

Cette très gracieuse plante de la famille des apocynacées a un large tronc et de minces feuilles coriaces. Ses magnifiques fleurs rouge et blanc s'épanouissent souvent deux fois par an.

Origine : sud de l'Arabie, Ouganda, Kenya, Tanzanie.

Exposition/soins : l'adénium demande un emplacement ensoleillé, mais abrité du vent. Maintenir le substrat humide, mais sans excès, pour ne pas endommager les racines. Près d'une fenêtre, tourner le pot de temps en temps, pour que la plante ait une croissance symétrique.

Mode d'action : cette plante aide à se recentrer, en particulier ceux qui ont tendance à être trop distraits et à laisser dériver leurs pensées vers des activités improductives.

Particularités : le latex qui s'écoule lorsqu'on coupe ou casse une partie de la plante est toxique. Protéger les enfants et les animaux domestiques. L'adénium est particulièrement adapté aux lieux de travail, mais ne doit en aucun cas être placé dans une chambre à coucher.

Vibration de la plante : elle focalise et concentre l'énergie.

Adiantum

Capillaire, cheveux de Vénus

Certaines espèces de la famille des adiantacées, comme *A. tenerum* ou *A. raddianum*, sont très prisées comme plantes d'appartement, en raison de leurs feuilles graciles et finement ciselées. Cette fougère doit son nom à ses minces pétioles brun-noir, brillants, ressemblant à des cheveux.

Origine : toutes les régions tropicales du globe.

Exposition/soins : la capillaire demande un emplacement semi-ombragé et une atmosphère humide. Arroser à l'eau tempérée peu calcaire. En période chaude, notamment, vaporiser pour accroître l'humidité ambiante.

Mode d'action : la capillaire agit principalement sur le système nerveux (système parasympathique) et active la circulation au niveau des mains et des pieds. Elle aide les sujets craintifs à s'épanouir et à se libérer de l'isolement où ils s'enferment.

Particularités : cette plante renforce surtout la composante féminine de l'énergie (le yin). Éviter de placer les capillaires à côté de plantes « agressives », présentant des parties piquantes ou tranchantes, car cela les empêcherait de se développer et d'exercer leur action.

Vibration de la plante : des ondes d'énergie douces et apaisantes se propagent du centre de la plante vers l'extérieur.

Du centre des capillaires se propagent des ondes douces et apaisantes.

Le billbergia émet des impulsions énergétiques de type défensif.

Aechmea

Billbergia

C'est une plante de la famille des broméliacées, dont les longues feuilles généralement bordées d'épines sont zébrées de bandes gris argent. L'inflorescence est souvent entourée de bractées aux couleurs magnifiques.

Origine : Brésil.

Exposition/soins : la plante demande un emplacement clair et pas trop chaud. Maintenir le substrat humide, mais éviter l'accumulation d'eau. Tourner le pot régulièrement pour assurer une croissance symétrique.

Mode d'action : le billbergia aide les personnes qui dissimulent leur fragilité intérieure sous des dehors rébarbatifs. Il incite ceux qui se sentent agressés en permanence et ont du mal à montrer leurs côtés tendres et sensibles à se détendre et à exprimer amour et joie. La plante émet des impulsions en forme de flèche qui peuvent compromettre l'équilibre des personnes malades ou ayant besoin d'harmonie. Enfants et animaux peuvent réagir négativement.

Particularités : éviter les pièces communes. La plante peut être bénéfique pour les uns et rendre les autres agressifs. Ne pas la placer dans une chambre d'enfant.

Écologie : les billbergias assurent la décomposition des polluants chimiques.

Vibration de la plante : comme le suggère la forme des feuilles, la plante émet des impulsions énergétiques de type défensif, qui semblent dire : « Laissez-moi tranquille ».

Aloe

Aloès

C'est une liliacée dont les espèces en rosette, basses et acaules (sans tige), sont particulièrement recherchées.

Origine : Afrique du Sud, Madagascar.

Exposition/soins : placée en un lieu ensoleillé et arrosée modérément, cette plante sans problème ne demande que peu de soins.

Mode d'action : l'aloès concentre l'énergie. Il donne des forces et ramène les rêveurs sur terre. Il aide les indécis à agir et protège dans une certaine mesure contre les ondes électromagnétiques.

Particularités : les feuilles épaisses contiennent une sève qui exerce une action curative sur la peau et les muqueuses (elle est utilisée comme cicatrisant dans le traitement des blessures, ainsi qu'en cosmétologie et en médecine). Attention : l'aloès est déconseillé pendant la grossesse, tant comme plante d'intérieur que comme médicament.

Usage : l'aloès est utilisé en homéopathie (estomac, intestin, peau), en cosmétologie (masques, onguents, etc.), en médecine classique (constipation, brûlures) et pour soigner les coups de soleil et les blessures cutanées. Il protège contre les ondes électromagnétiques et les énergies négatives.

Mythologie : aux Caraïbes et dans toute l'Amérique latine, l'aloès est l'une des plantes médicinales les plus populaires. Il est utilisé pour soigner presque toutes les maladies. Au Mexique, en Colombie et au Venezuela, il est appelé *sabila sagrada* (« sainte sage »), et la croyance populaire veut qu'une déesse habitant la plante récompense prière et sacrifice en donnant santé, richesse et paix. Les Indiens Guajiro considèrent l'aloès comme un être sacré, car il reste toujours vert, survit à toutes les sécheresses et peut même se développer sans racines, posé au sol ou accroché en l'air. Cette vitalité de l'aloès se transmet aux malades et les guérit.

Écologie : efficace contre la pollution, l'aloès absorbe le dioxyde de carbone et produit de l'oxygène, même la nuit. Il convient très bien aux chambres à coucher.

Vibration de la plante : l'énergie puissante tourne vers l'extérieur en s'accélérant.

La vibration de l'aloès tourne vers l'extérieur en s'accélérant.

Les lignes d'énergie concentrée de l'ananas ornemental s'accélèrent vers la pointe de la plante.

Ananas

Ananas ornemental

Ces ravissantes plantes en pot de la famille des broméliacées présentent des feuilles longues et dentées disposées en rosette. Elles fleurissent rarement en appartement.

Origine : régions tropicales d'Amérique centrale et d'Amérique du Sud.

Exposition/soins : choisir un emplacement très clair, mais éviter le plein soleil. Arroser régulièrement et abondamment à l'eau peu calcaire.

Mode d'action : l'ananas donne des forces à tous ceux qui sont fatigués, active l'esprit et favorise la concentration et l'action.

Usage : les Indiens utilisent toutes les parties de l'ananas. Son fruit est diurétique et facilite la digestion. Mélangé à de la poudre de curry, il aurait des vertus aphrodisiaques.

Vibration de la plante : les lignes d'énergie concentrée s'accélèrent vers la pointe de la plante.

Anastatica hierochuntica

Rose de Jéricho

Chez le fleuriste, cette plante ressemble à un bouquet de tiges et de feuilles desséchées.

Origine : du Maroc au sud de l'Iran.

Exposition/soins : dans de l'eau à la température de la pièce, la plante s'ouvre au bout de quelques heures et prend en quelques jours une couleur vert vif.

Mode d'action : la rose de Jéricho favorise le rétablissement après une maladie ou une période d'affaiblissement. Elle active en particulier les liens avec l'énergie terrestre et aide donc tout spécialement après l'accouchement.

Particularité : la plante sèche peut survivre des années durant, pour retrouver ensuite toute son efficacité.

Vibration de la plante : la plante sèche n'émet que quelques impulsions lentes. De l'intérieur de la plante verte, gorgée d'eau, s'échappent des cercles d'énergie tourbillonnante.

Lorsque la rose de Jéricho est verte et gorgée d'eau, son centre émet des tourbillons d'énergie.

Anthurium

Flamant rose

Ce représentant de la famille des aracées est surtout remarquable par ses inflorescences formées d'un spadice blanc, orange ou jaune, entouré d'une spathe rouge, blanche ou tachetée. Certaines espèces se distinguent aussi par un intéressant feuillage nervuré, d'autres par de longues feuilles.

Le flamant rose conduit et canalise l'énergie du haut vers le bas, puis à nouveau vers le haut.

Origine : forêts tropicales humides d'Amérique centrale et d'Amérique du Sud.

Exposition/soins : la plante demande un emplacement chaud et clair, mais protégé de l'action directe du soleil. Arroser très régulièrement avec de l'eau tiède non calcaire. Vaporiser souvent au printemps et en été, mais jamais sur la spathe de couleur, car l'eau formerait des taches brunes.

Mode d'action : le flamant rose a une action positive sur les êtres timides, qui ont tendance à s'effacer plutôt qu'à s'affirmer, ainsi que sur les personnes très cérébrales, qui ont perdu le contact avec leur moi profond. Il est efficace pour répartir les énergies.

Écologie : cette plante contribue à l'élimination de polluants comme le xylène, le toluène et l'ammoniac, et constitue un bon humidificateur d'atmosphère.

Vibration de la plante : l'énergie est conduite du haut vers le bas, puis à nouveau vers le haut. Le flamant rose a une énergie presque dure.

Araucaria heterophylla

Araucaria, pin de Norfolk

Ce conifère à feuilles persistantes de la famille des araucariacées, qui peut atteindre, en appartement, une hauteur de 2 mètres, présente des rameaux presque horizontaux.

Origine : Norfolk et divers archipels entre l'est de l'Australie et la Nouvelle-Calédonie.

Exposition/soins : l'araucaria demande un emplacement clair, mais protégé de l'action directe du soleil, notamment aux heures les plus chaudes. Il se plaît bien dans les pièces fraîches. Arroser régulièrement avec de l'eau tempérée et adoucie. Dans les pièces où la lumière n'entre que par un seul côté, l'araucaria a une croissance asymétrique.

Mode d'action : l'araucaria active toutes les fonctions de l'organisme, stimule et favorise la pensée et l'action.

Particularités : ces plantes sont surtout adaptées aux lieux de travail et de réunion, mais ne conviennent pas aux tempéraments colériques. Leur énergie peut aider à découvrir de nouveaux aspects de sa propre personnalité. L'araucaria, qui a besoin d'espace pour grandir de façon harmonieuse, doit inciter à se ménager suffisamment de temps et d'espace pour un bon développement mental et spirituel.

Écologie : l'araucaria favorise l'élimination des polluants et constitue un bon humidificateur d'atmosphère.

Vibration de la plante : c'est une énergie puissante, qui occupe l'espace. Très présente, elle est difficile à ignorer.

L'araucaria a une énergie très présente, qui occupe l'espace.

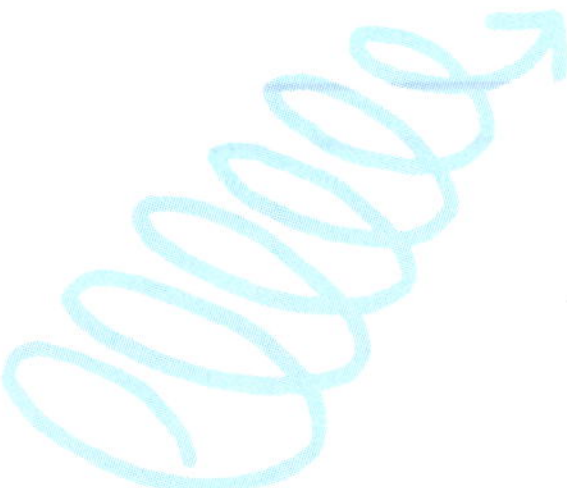

L'asparagus produit des tourbillons d'énergie plus ou moins puissants, selon sa structure.

Asparagus

Asparagus

Cette plante à port arbustif de la famille des liliacées est dotée d'une courte tige caulinaire et de tiges latérales dressées ou grimpantes. Ses « feuilles » sont des cladodes aciculaires à arrondis. Certaines espèces fleurissent.

Origine : Afrique, Asie.

Exposition/soins : l'asparagus demande un emplacement chaud et clair, mais non ensoleillé. Arroser régulièrement avec de l'eau tempérée et éviter impérativement le dessèchement. Dans les pièces chaudes, vaporiser fréquemment.

Mode d'action : l'asparagus est un véritable ventilateur énergétique, dont l'intensité d'action est fonction de la nature et de la structure de la plante. Problèmes, projets, tout ce qui sort de la routine est activé. Il favorise le travail intellectuel. Ne jamais le placer dans une chambre à coucher.

Usage : l'asparagus est utilisé en homéopathie (faiblesse, reins, vessie, cœur) et en médecine populaire (remède contre l'impuissance, aphrodisiaque).

Vibration de la plante : plus la plante est gracile, plus les tourbillons énergétiques émis sont subtils ; plus elle est grande et puissante, plus l'énergie est forte et dynamique.

Bambusa vulgaris

Bambou

Haute de plusieurs mètres en milieu naturel, de taille plus modeste en pot ou en bac, cette graminée peut toutefois atteindre 2 ou 3 mètres en appartement. Plante ornementale très particulière, aux longs chaumes généralement verts, le bambou est souvent commercialisé sous la forme d'une tige dotée de racines.

Origine : Asie tropicale.

Exposition/soins : le bambou demande un emplacement chaud et ensoleillé, et un arrosage régulier. Il offre en récompense ses feuilles élégantes à l'aspect exotique.

Mode d'action : le bambou transmet son énergie à l'espace, aux êtres humains et aux animaux. Il agit comme catalyseur, mais aussi comme pôle de repos. Sa forte teneur en silice (quartz) peut le faire considérer, d'un point de vue ésotérique, comme un réservoir d'informations.

Particularités : avec quelque 1 000 espèces de par le monde, le bambou, qui compte, en Asie, parmi les quatre plantes les plus

nobles du règne végétal avec le chrysanthème, l'orchidée et le prunier, symbolise Bouddha. La flexibilité du bambou, alliée à sa grande résistance, en font, dans le Feng shui (philosophie chinoise de l'harmonie), le symbole de l'énergie et de l'autorité pragmatique.

Usage : en médecine chinoise, le tabashir tiré des feuilles du bambou est utilisé pour soigner l'asthme, comme aphrodisiaque et contrepoison.

Vibration de la plante : le nuage d'énergie aux vibrations régulières s'affaiblit du centre vers l'extérieur.

Le bambou d'appartement produit un nuage d'énergie aux vibrations régulières, s'atténuant du centre vers l'extérieur.

Le pied-d'éléphant fait jaillir les forces terrestres vers le ciel et les laisse ruisseler doucement le long de ses feuilles.

Beaucarnea recurvata

Pied-d'éléphant, arbre-bouteille

Cette agavacée à port arbustif ou arborescent dans son milieu naturel atteint en culture une hauteur de 1 mètre. Ses feuilles longues et étroites surmontent un tronc fortement renflé à la base. Il fleurit rarement en culture.

Origine : Mexique.

Exposition/soins : le pied-d'éléphant demande un bon emplacement clair et ensoleillé. Maintenir le terreau humide en évitant l'accumulation d'eau. Vaporiser de temps à autre par grande chaleur. La plante survit à une sécheresse prolongée grâce au réservoir d'eau de son large tronc.

Mode d'action : son énergie très forte, terrestre et apaisante peut aider les enfants nerveux et hyperactifs. Le pied-d'éléphant peut redonner de l'énergie aux sujets éprouvant des difficultés à surmonter un chagrin ancien.

Particularités : dans le règne végétal, le pied-d'éléphant appartient à la catégorie des plantes douées pour la survie. Son tronc succulent constitue un réservoir d'eau qui lui permet de résister à une sécheresse prolongée. Son nom ancien – *Nolina* – est encore connu de beaucoup.

Usage : la plante a probablement joué un rôle dans la médecine aztèque, tout comme l'agave, qui lui est apparentée. Elle est aussi très proche du légendaire dragonnier des îles Canaries.

Vibration de la plante : les minces feuilles retombant doucement, en tournant parfois légèrement, évoquent une fontaine jaillissant avec élégance et légèreté du tronc épais. La plante dégage une énergie puissante, dirigée vers le haut, qui fait jaillir les forces terrestre vers le ciel et les laisse ruisseler doucement le long de ses feuilles. Gorgée de soleil, elle recèle en outre un fort potentiel de chaleur.

Begonia semperflorens
Hybrides

Bégonia

La famille des bégoniacées comprend plus de 1 000 espèces réparties à travers le monde, et un nombre incalculable de variétés. On distingue les bégonias à feuillage décoratif, à fleurs ou tubéreux. Les *Begonia semperflorens* hybrides sont particulièrement appréciés pour leur longue floraison. Leurs couleurs sont très variées, du blanc au rouge foncé en passant par différentes nuances de rose ou de saumon.

Origine : Brésil.

Exposition/soins : le bégonia demande un emplacement clair, ensoleillé ou semi-ombragé. Maintenir le terreau humide, avec une eau non calcaire.

Mode d'action : d'une beauté rayonnante, le bégonia fait oublier la routine et suscite idées et désirs nouveaux en créant une atmosphère quasi vacancière.

Particularités : les bégonias sont plus efficaces en groupe. Ils sont particulièrement adaptés aux hôpitaux et aux foyers de personnes âgées, et aident à retrouver énergie et bonne humeur.

Écologie : grâce à sa remarquable transpiration, le bégonia favorise l'élimination des polluants chimiques.

Vibration de la plante : des tourbillons d'énergie ascendante s'échappent sans contrainte vers l'extérieur.

Dirigés vers le haut, les tourbillons d'énergie du bégonia s'échappent vers l'extérieur.

La bougainvillée produit un coussin d'énergie chaude dont les vibrations s'échappent par impulsions.

Bougainvillea

Bougainvillée

Cet arbuste grimpant de la famille des nyctagynacées peut atteindre 3 à 4 mètres de haut. Avec ses somptueuses bractées violettes, rouges, roses, blanches ou orangées, au milieu desquelles s'épanouissent de toutes petites fleurs blanc jaunâtre, il évoque irrésistiblement le Midi et le soleil.

Origine : Amérique du Sud.

Exposition/soins : la belle bougainvillée demande un emplacement chaud et ensoleillé, abrité du vent et de la pluie, et un terreau humide en été. Elle s'adapte très bien aux jardins d'hiver ou aux fenêtres exposées au sud, et elle peut être placée à l'extérieur en été. Lorsque la plante est cultivée en pot, fixer les vrilles à un support pour protéger les fleurs.

Mode d'action : la bougainvillée produit une énergie très forte, vivifiante, dynamisante. Elle est recommandée pour la convalescence ou la récupération après un stress important, ainsi qu'après une période de faiblesse.

Particularité : cette plante attire les animaux ; dans la nature, les oiseaux y installent volontiers leur nid.

Vibration de la plante : des vibrations pulsées s'échappent d'un coussin d'énergie chaude.

Brunfelsia

Brunfelsia

Dans son milieu naturel, cette ravissante solanacée est un arbuste ou un arbre à feuilles persistantes. Elle séduit par ses feuilles vertes coriaces et ses fleurs à lobes plats de couleur jaune, blanche, lavande ou violette.

Origine : régions tropicales d'Amérique centrale et d'Amérique du Sud.

Exposition/soins : cette plante demande un emplacement clair et chaud, mais plus frais en hiver, et une atmosphère pas trop sèche. Maintenir le substrat humide avec une eau peu calcaire et tempérée. Pour une floraison abondante, placer la plante dans un endroit frais en hiver, en lui apportant beaucoup d'engrais.

Mode d'action : les brunfelsias aident beaucoup les personnalités introverties à exprimer leurs sentiments et favorise la créativité. La plante est particulièrement adaptée aux lieux de travail et se prête également à un cadre thérapeutique.

Usage : les Indiens d'Amazonie l'utilisent pour soigner les morsures de serpents et en font une boisson hallucinogène. Ils croient aux vertus aphrodisiaques de la plante. La racine contient des alcaloïdes.

Vibration de la plante : l'énergie tourne par impulsions de l'intérieur vers l'extérieur.

L'énergie des brunfelsias décrit des cercles s'élargissant de l'intérieur vers l'extérieur.

Vibration énergétique menaçante.

Cactaceae

Cactées

La famille des cactées comprend plusieurs milliers d'espèces. Pour réduire à un minimum leur surface d'évaporation, dans leur milieu naturel extrêmement sec, et se protéger du soleil et des rayons ultraviolets, les cactées ont développé d'étranges formes sphériques ou cylindriques, et transformé leurs feuilles en épines. Leurs fleurs peuvent avoir toutes les couleurs, sauf le noir et le bleu.

Origine : régions désertiques, principalement en Amérique.

Exposition/soins : les cactées demandent un emplacement clair et ensoleillé, et un faible apport d'eau.

Mode d'action : les cactées intimident, leur énergie peut blesser ou rendre agressif. Plus les épines sont longues et pointues, plus la plante est agressive. Les personnes vivant ou travaillant à côté de cactées doivent rester à distance pour ne pas devenir elles-mêmes agressives, ou dépressives. Toutefois, le cactus offre une remarquable protection contre les énergies négatives venant de l'extérieur (sources souterraines, par exemple).

Vibration de la plante : épines et arêtes vives produisent toujours l'effet d'une menace sur l'homme et les animaux.

Calceolaria

Calcéolaire, petite pantoufle

La principale caractéristique de cette plante de la famille des scrofulariacées est le renflement du pétale inférieur de sa fleur, dont la forme rappelle un soulier. Les couleurs sont très variées, des différentes nuances de jaune à l'orange ou au rouge. Les fleurs sont le plus souvent bicolores, tachetées ou tigrées. Les calcéolaires d'appartement sont des hybrides annuels dont les fleurs mesurent plusieurs centimètres.

Origine : Amérique centrale et Amérique du Sud.

Exposition/soins : choisir un emplacement clair, mais non ensoleillé ou semi-ombragé (fenêtre au nord, par exemple), et arroser abondamment, surtout en été. Maintenir le terreau humide, mais sans excès. L'accumulation d'eau endommage les racines.

Mode d'action : la calcéolaire rend actif et gai. Elle ouvre à leur environnement les personnes trop protégées tendant à se créer un personnage parce qu'elles ont du mal à extérioriser leurs sentiments.

Particularité : les calcéolaires sont encore plus efficaces en groupe.

Vibration de la plante : l'énergie ludique forme un tourbillon de l'extérieur vers l'intérieur.

L'énergie de la petite pantoufle tourne de l'extérieur vers l'intérieur.

Camellia

Camélia

L'énergie du camélia tourne de l'intérieur vers l'extérieur.

Cet arbuste persistant de la famille des théacées, à feuilles coriaces vert foncé, brillantes, produit de grandes fleurs roses, rouges, blanches ou bicolores très recherchées.

Origine : est de l'Asie.

Exposition/soins : les camélias préfèrent un emplacement clair à semi-ombragé, abrité de l'action directe du soleil, et demandent à être arrosés toute l'année avec de l'eau adoucie. Éviter l'accumulation d'eau, mais aussi le dessèchement. Arroser modérément en hiver.

Mode d'action : l'énergie du camélia peut inciter les personnes renfermées et timides (surtout les femmes) à s'ouvrir aux autres et à prendre conscience de leur beauté, de leur vitalité et de leur force. La plante aide ceux qui rejettent leur propre sexualité et leur érotisme, ou qui ont connu des expériences très négatives, à surmonter leurs problèmes.

Particularités : cette plante très délicate, qui requiert des soins attentifs, ne convient qu'aux pièces où l'énergie n'est pas trop changeante (chambre, lieu de méditation, séjour si le nombre de personnes est limité). Elle ne convient pas aux lieux collectifs, salles d'attente, lieux de travail, etc. Les camélias ne supportent que les plantes à l'énergie douce (éviter palmiers et cactées, notamment). Les plantes à fleurs rouges sont les plus efficaces en cas de problèmes sexuels. Les camélias demandent à être toujours soignés par la même personne.

Vibration de la plante : la vibration très douce, centrée, tourne vers l'extérieur (comparable à une brise de printemps).

Capsicum annuum

Piment commun

De la famille des solanacées, le piment commun est vendu en pot à l'automne ou à la période de Noël. De beaux fruits jaunes, orange, rouges, violets ou blancs se développent après la floraison. Les parties vertes de cette plante de la famille des solanacées sont toxiques. Les fruits multicolores contiennent un alcaloïde, la capsicaïne.

Origine : Amérique centrale et Amérique du Sud.

Exposition/soins : placer en un lieu clair à ensoleillé et maintenir le substrat humide, mais sans excès.

Mode d'action : l'action du piment commun est optimale à 1-3 mètres de distance ; il est particulièrement indiqué en cas de manque d'entrain, baisse de tension et difficultés de concentration. Il est encore plus efficace en groupe. C'est un bon activateur, surtout au poste de travail, mais attention aux tempéraments colériques. Ne pas placer dans une chambre, ni dans une pièce réservée aux enfants ; tenir à distance des plus petits, qui sont attirés par les fruits multicolores.

Usage : le piment commun est utilisé en homéopathie (peau, muqueuses, estomac, intestins et oreille interne), en aromathérapie (efficace contre la colère et la frustration) et en médecine classique (pansements, pommades).

Particularité : frotter les paumes l'une contre l'autre jusqu'à ce qu'elles soient chaudes et placer les mains à 10-20 centimètres de la plante : les personnes réceptives percevront des picotements à l'intérieur des paumes.

Vibration de la plante : elle dirige l'énergie vers le haut, favorise la circulation du sang et stimule.

Le piment commun oriente l'énergie vers le haut.

L'énergie ténue de la chaîne-des-cœurs tourne en formant un tourbillon.

Ceropegia woodii

Chaîne-des-cœurs

Cette asclépiadacée produit des tiges glabres filiformes pouvant atteindre 2 mètres de longueur, émergeant d'une souche tubéreuse. Les feuilles charnues réniformes ou cordiformes sont vert clair marbré d'argent sur le dessus et rougeâtres au revers. Les fleurs violettes, semblables à de petites bougies, fleurissent toute l'année.

Origine : Afrique du Sud.

Exposition/soins : la plante demande un emplacement ensoleillé et doit être maintenue humide toute l'année. Éviter l'accumulation d'eau.

Mode d'action : les chaînes-des-cœurs apportent gaieté, bonne humeur, repos et détente, et restaurent l'équilibre du corps, de l'âme et de l'esprit.

Particularité : chaque fois que l'on divise cette plante pour l'offrir à des êtres chers, on donne en même temps joie et amour.

Vibration de la plante : c'est une énergie ténue, fluide, qui tourne en formant un tourbillon.

Chamaedorea elegans

Palmier nain

Ce palmier miniature est l'une des plantes d'appartement les plus populaires. Il présente un tronc mince vert vif et des frondes légèrement arquées, au milieu desquelles apparaissent, même chez les jeunes plantes, des panicules de fleurs jaunes. Il produit rarement des fruits en appartement.

Origine : Mexique, Guatemala.

Exposition/soins : ce palmier demande un emplacement clair à semi-ombragé et une atmosphère humide. Arroser abondamment en été et vaporiser les frondes par grosse chaleur. Éviter impérativement l'accumulation d'eau. Les frondes brunissent lorsque l'air est trop sec.

Mode d'action : le palmier nain est particulièrement indiqué pour ceux qui veulent plaire à tout le monde, ne s'aiment pas et ont peu d'estime pour eux-mêmes. Il apporte une motivation positive aux êtres trop modestes ou timides. C'est une plante parfaitement adaptée au bureau ou au cabinet de consultation, mais aussi aux locaux collectifs, dont il purifie l'atmosphère.

Écologie : c'est l'une des plantes les plus efficaces pour humidifier l'air et accélérer l'élimination des polluants (benzène, formol et trichloréthylène).

Vibration de la plante : la vibration douce, comme celle d'un éventail, apporte air et énergie. Le palmier est un « ventilateur » d'énergie.

L'énergie douce du palmier nain est du type ventilateur.

L'énergie de la phalangère jaillit comme un feu d'artifice.

Chlorophytum comosum

Phalangère, plante-araignée

Cette belle liliacée est l'une des plantes d'intérieur les moins exigeantes. Ses longues feuilles lancéolées, vertes ou ornées d'une bande centrale jaune-vert, forment une touffe serrée. A l'extrémité de stolons jaunes apparaissent des fleurettes en forme d'étoile auxquelles succèdent des plantules.

Origine : Afrique du Sud.

Exposition/soins : la phalangère, qui se développe pratiquement en tous lieux dans la maison, demande un arrosage régulier.

Mode d'action : la phalangère engendre toujours la bonne humeur et convient à toutes les pièces. Elle apporte notamment de l'énergie lorsque les perspectives semblent bouchées ou que les projets s'enlisent. Elle est le symbole de la fécondité du corps, de l'âme et de l'esprit.

Particularités : cette plante est très efficace pour capter et transformer les polluants atmosphériques. Elle est tout spécialement recommandée dans les constructions neuves. L'énergie de la phalangère est potentialisée lorsque plusieurs sujets sont placés côte à côte.

Écologie : la phalangère lutte contre les polluants.

Vibration de la plante : l'énergie jaillit comme un feu d'artifice dont les étincelles s'enchaînent sans discontinuer.

Chrysanthemum frutescens

Chrysanthème

Cette composée en bac très appréciée produit tout l'été d'innombrables fleurs blanches, jaunes ou roses. Le feuillage est très caractéristique ; les feuilles profondément découpées sont vertes, gris-vert ou argentées, selon les variétés. A côté de la forme buissonnante, on trouve également des formes à haute tige surmontée d'une boule de fleurs.

Origine : îles Canaries.

Exposition/soins : robuste et peu exigeante, la plante fleurit en abondance lorsqu'elle reçoit beaucoup de clarté et de soleil, et qu'elle est suffisamment arrosée en été.

Mode d'action : le chrysanthème exerce une action stimulante et vraiment harmonisatrice sur tout l'organisme. Il aide à garder la tête froide dans un contexte d'agitation générale.

Particularité : le pouvoir de la plante dépend du nombre et de la taille des fleurs. Elle ne délivre que très peu d'énergie en dehors de la période de floraison.

Écologie : le chrysanthème est efficace contre le formol et l'ammoniac.

Vibration de la plante : des tourbillons en spirale partent des fleurs et se déploient de l'intérieur vers l'extérieur.

Le chrysanthème émet des tourbillons en spirale partant des fleurs et se déployant vers l'extérieur.

L'énergie tourbillonnante de la vigne d'appartement a l'effet d'un signal.

Cissus

Vigne d'appartement

Les cissus, qui appartiennent à la famille des cistacées, sont des plantes sarmenteuses à feuilles persistantes dont la forme et le feuillage diffèrent selon les espèces. En culture, elles ne produisent que rarement des fleurs, peu marquantes. Les plus recherchées comme plantes d'appartement sont la vigne des kangourous, *Cissus antarctica*, la vigne du Natal, *Cissus rhombifolia*, et une espèce à feuilles nervurées, *Cissus striata*.

Origine : régions tropicales et subtropicales.

Exposition/soins : la plante demande un lieu clair à semi-ombragé, protégé de l'action directe du soleil, et un substrat modérément humide en permanence.

Mode d'action : la vigne d'appartement émet à un rythme constant des impulsions positives et stimulantes. La plante convient aux êtres hésitants et à ceux qui sont astreints à une activité routinière, mais elle a une action négative sur les personnes impulsives et colériques. Ne pas la placer dans une chambre à coucher.

Particularité : la vigne d'appartement est du plus bel effet comme plante retombante dans une pièce.

Écologie : cette espèce est efficace contre les polluants chimiques.

Vibration de la plante : l'énergie pulsée et tourbillonnante a l'effet d'un signal.

Citrus

Citronnier, oranger

Ces arbustes à feuilles persistantes de la famille des rutacées ont des feuilles ovales vernissées de couleur vert foncé. Les fleurs blanches ou crème cèdent la place à des fruits aux couleurs vives. Fleurs et feuilles exhalent un parfum intense.

Origine : Asie ; en culture dans toutes les régions tropicales et subtropicales du globe.

Exposition/soins : ces plantes demandent un emplacement clair à ensoleillé et un arrosage abondant en été. Il faut éviter impérativement l'eau calcaire. Ne pas déplacer et ne pas toucher les pétales pendant la floraison.

Mode d'action : l'arôme des citronniers et des orangers favorise la respiration profonde et aide à se concentrer. Ces plantes sont efficaces contre les contractures dans la région du cou et de la tête. Elles aident à combattre les angoisses scolaires et la peur de l'échec.

Usage : les plantes sont utilisées en homéopathie (névralgies faciales, maux de tête, vertiges, troubles du sommeil) et en aromathérapie (stimulation du système nerveux, insomnie, crampes).

Particularités : les *Citrus* sont sensibles aux courants d'air froids. Ils ne conviennent pas aux bébés et aux petits enfants.

Vibration de la plante : l'énergie douce et légère s'étend comme un nuage tout autour de la plante. Elle transforme les vibrations négatives en positives.

L'énergie légère des Citrus *s'étend comme un nuage autour de la plante.*

L'énergie du cocotier jaillit en flèche du bas vers le haut.

Cocos nucifera

Cocotier

Dans son milieu naturel, le cocotier, qui compte parmi les plantes les plus utiles en raison de ses noix, peut atteindre 30 mètres de haut. Ce palmier souvent proposé sous forme de noix germée survit rarement plus d'un an en appartement.

Origine : toutes les régions tropicales du globe.

Exposition/soins : placer toute l'année dans un lieu chaud, très clair, en atmosphère humide. Protéger des rayons directs du soleil en été. Maintenir le substrat légèrement humide, avec de l'eau tempérée. Vaporiser fréquemment. La plante demande beaucoup de clarté, même en hiver, et un éclairage d'appoint est indispensable pendant les jours les plus courts.

Mode d'action : la plante est particulièrement bénéfique pour les êtres qui ont des difficultés à communiquer leurs sentiments intimes – sentiment d'agression, colère, humiliation, déception, notamment. Ceux qui ont besoin de chaleur, de lumière et d'amour se sentent généralement attirés par le cocotier.

Usage : la plante est utilisée comme aphrodisiaque en médecine chamanique.

Vibration de la plante : l'énergie concentrée jaillit en flèche du bas vers le haut, en direction du soleil.

Codiaeum variegatum
var. *pictum*

Croton

Cette superbe plante de la famille des euphorbiacées se caractérise par une profusion de feuilles de formes et de couleurs variables. L'éventail des couleurs s'étend du jaune au pourpre et au presque noir, en passant par l'orange et le vert. Certaines variétés sont tachetées, maculées, veinées ou rayées. Cette plante en pot très recherchée est fragile et exige de recevoir des soins de culture appropriés.

Origine : Asie du Sud-Est.

Exposition/soins : maintenir toute l'année en atmosphère chaude et humide, en un lieu très clair, mais protégé de l'action directe du soleil. Maintenir le substrat humide avec de l'eau non calcaire et vaporiser abondamment. Éviter tout courant d'air. Réduire l'arrosage en hiver. Ne jamais laisser d'eau dans la soucoupe.

Mode d'action : source de motivation pour les êtres manquant d'énergie, le croton incite à la persévérance et aide à s'imposer.

Particularités : cette plante motivante et stimulante est tout particulièrement adaptée au poste de travail. Ne jamais la placer dans une chambre à coucher. Le latex du croton étant légèrement toxique et irritant pour la peau et les muqueuses, protéger les petits enfants.

Écologie : il est efficace contre les polluants chimiques.

Vibration de la plante : des tourbillons d'énergie très puissants sont émis et vont du cœur de la plante à la pointe des feuilles.

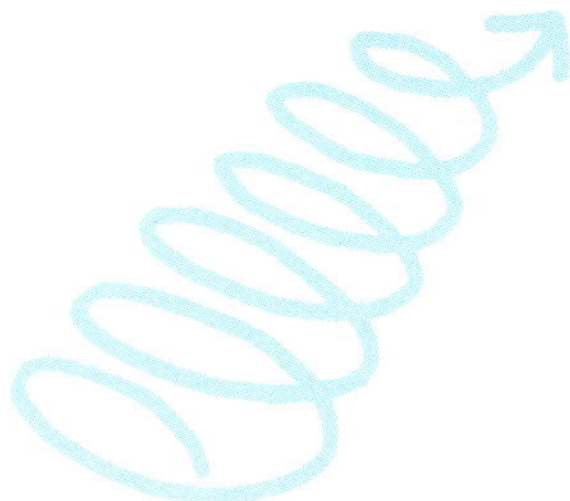

Le croton émet de puissants tourbillons d'énergie tournant du centre de la plante jusqu'à la pointe des feuilles.

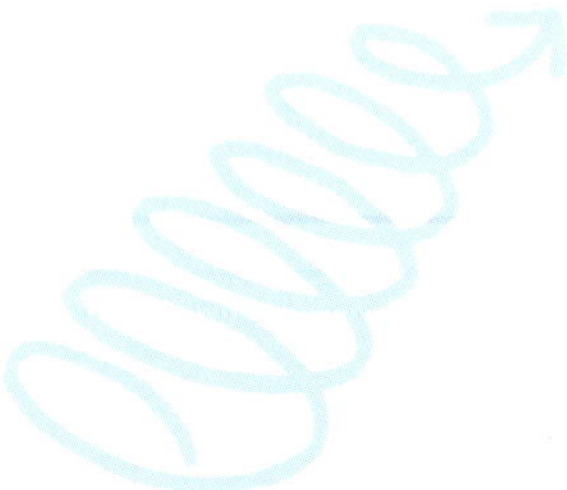

L'énergie du dollar d'argent décrit des cercles réguliers autour de la plante.

Crassula arborescens

Dollar d'argent

En bac, cette crassulacée peut atteindre 1 mètre de haut. Elle présente un gros tronc et une couronne ramifiée. Ses feuilles arrondies sont couvertes d'une pruine blanc-gris et bordées d'une marge rougeâtre. Les fleurs de couleur rose, rares chez les sujets cultivés, apparaissent en été.

Origine : Afrique du Sud.

Exposition/soins : peu exigeant, le dollar d'argent demande toute l'année un emplacement clair et ensoleillé. Il apprécie, en été, d'être placé à l'extérieur, à l'abri de la pluie. Arroser modérément en été.

Mode d'action : cette plante engendre bonne humeur et gaieté, et incite les êtres renfermés à s'extérioriser.

Particularités : dans la philosophie chinoise du Feng shui, le dollar d'argent fait partie des plantes en pot à énergie positive. Placé dans la zone de la richesse avec un oranger et quelques chrysanthèmes en fleur, il est réputé apporter la prospérité aux habitants de la maison, et un dollar d'argent fleurissant pour la première fois après dix ans de soins est, dit-on, signe de richesse.

Vibration de la plante : de petites spirales dansent gaiement autour des fleurs, comme un essaim de papillons.

Cyclamen persicum

Cyclamen

Cette plante à racine tubéreuse de la famille des primulacées se distingue par ses fleurs à longue hampe, de couleurs et de formes variées, et son feuillage décoratif, vert foncé ou marbré.

Origine : Europe méridionale et bassin méditerranéen.

Exposition/soins : placer cette plante toute l'année en un lieu clair et frais (pas plus de 16 °C), et maintenir le substrat humide en été, mais sans excès. Verser l'eau sur la terre, jamais sur le tubercule.

Mode d'action : le cyclamen active le cœur et la circulation, et régule le rythme cardiaque. Il console les solitaires et ceux qui ont le sentiment d'être mal aimés.

Usage : il est utilisé en homéopathie (système nerveux central, hormones sexuelles féminines, nez, yeux).

Particularités : les sujets nains supportent un peu mieux l'atmosphère des pièces chauffées. Groupés, les cyclamens agissent plus efficacement.

Écologie : cette plante est efficace contre les polluants chimiques.

Vibration de la plante : l'énergie chaude et régulière, partant du centre de la plante, est stimulante et bienfaisante.

Le cyclamen émet une énergie régulière rayonnant du centre vers l'extérieur.

L'énergie du papyrus monte et redescend comme l'eau d'une fontaine.

Cyperus

Papyrus

Plantes palustres, les espèces du genre papyrus se distinguent par leurs feuilles disposées en ombrelles, leurs tiges graciles et leurs fleurs en ombelles.

Origine : régions tropicales, subtropicales et tempérées.

Exposition/soins : maintenir toute l'année en un lieu clair et chaud, en atmosphère humide. Hormis *C. albostriatus* et *C. haspan*, toutes les plantes de ce genre ont besoin que leurs racines baignent dans l'eau en situation chaude.

Mode d'action : la plante donne de l'entrain et apporte de l'énergie dans une pièce.

Particularités : ne pas placer dans une chambre à coucher. Le papyrus convient bien aux locaux où se déroulent de nombreuses activités.

Vibration de la plante : l'énergie, comparable à celle d'une fontaine, monte puis redescend en se répartissant le long des feuilles.

Dieffenbachia

Dieffenbachia

Il existe aujourd'hui de très nombreuses variétés cultivées de cette plante ornementale de la famille des aracées, qui se signalent par leurs tiges vigoureuses et leurs grandes feuilles. Le limbe, de taille et de forme variables, porte de jolies panachures blanches ou jaunes.

Origine : régions tropicales d'Amérique centrale et d'Amérique du Sud.

Exposition/soins : tous les dieffenbachias demandent toute l'année un emplacement chaud, clair à semi-ombragé, et une atmosphère humide. Ils doivent être arrosés régulièrement à l'eau tempérée non calcaire. Laver les feuilles de temps à autre avec précaution, et supprimer les parties fanées.

Particularité : toutes les parties de la plante étant toxiques, elle est dangereuse pour les enfants et les animaux.

Écologie : la plante contribue à éliminer des substances comme le xylène ou le toluène.

Mode d'action : le diffenbachia concentre les énergies vers l'intérieur et vers le haut. Il est excellent pour le travail intellectuel et l'écriture. Il active les deux hémisphères cérébraux et apporte une aide en cas de problème d'irrigation du cerveau.

Vibration de la plante : elle s'exerce de l'intérieur vers l'extérieur et de bas en haut.

Le diffenbachia émet une vibration énergétique en spirale ascendante.

L'attrape-mouches a une énergie haute fréquence qui monte en une spirale bourdonnante.

Dionaea muscipula

Attrape-mouches

Cette plante carnivore de la famille des droséracées est une curiosité, rare en culture. Ses feuilles, qui sont constituées de deux clapets bordés de cils rigides, se referment immédiatement lorsqu'un insecte les effleure.

Origine : États-Unis.

Exposition/soins : les attrape-mouches demandent toute l'année une atmosphère humide et, en été, un lieu frais et ombragé. Maintenir le substrat légèrement humide, avec de l'eau adoucie. Cette plante ne convient pas aux pièces bien chauffées. En hiver, la température ambiante ne doit pas dépasser 12 °C.

Mode d'action : l'attrape-mouches est un activateur extrêmement efficace, qui peut rendre agressif et hyperactif. Il est parfois perçu comme menaçant, mais il opère des miracles chez les êtres introvertis et timides.

Particularité : la plante ne convient pas aux enfants et aux animaux domestiques, ni aux malades.

Mythologie : dans les contes et légendes des Indiens d'Amérique du Nord, l'attrape-mouches symbolise le vagin de la femme, qui emprisonne et dévore le pénis. Ce mythe traduit la peur que suscite la sexualité multi-orgasmique de la femme (selon la psychologie des profondeurs) et la peur de la castration.

Vibration de la plante : l'activité bourdonnante, très présente, évoque le vol d'une libellule. L'énergie de fréquence élevée est très stimulante.

Dracaena

Dragonnier

Cette plante ornementale de la famille des agavacées peut atteindre une hauteur respectable, même en appartement. Elle présente un tronc robuste surmonté d'une touffe de feuilles longues, plus ou moins larges, d'un vert bleuté, ou encore rayées ou mouchetées, selon les espèces. Chez les sujets anciens, le tronc se ramifie, et des fleurs peuvent apparaître.

Origine : îles Canaries, Afrique, Madagascar, île Maurice, Asie, îles du Sud-Est asiatique.

Exposition/soins : le dragonnier demande toute l'année un emplacement chaud, clair à semi-ombragé ; les variétés à feuilles panachées demandent plus de lumière que les variétés unicolores. Arroser modérément pendant la croissance.

Mode d'action : l'énergie régulière du dragonnier stimule et anime hommes et animaux, et leur apporte harmonie, vitalité et équilibre.

Particularité : cette plante d'intérieur idéale crée un climat agréable dans une pièce et assure une énergie positive.

Écologie : tous les dragonniers sont remarquablement efficaces contre les polluants chimiques, en particulier le formol et le trichloréthylène des imprimantes et des photocopieuses.

Vibration de la plante : la vibration la plus régulière et la plus agréable pour l'homme est celle des variétés à feuilles épaisses, souples et très légèrement retombantes. L'énergie bouillonne et jaillit de bas en haut, comme une source bienfaisante, et ruisselle le long des feuilles en se répandant vers l'extérieur. Plus les feuilles sont longues et pointues, plus le flux d'énergie est fort.

L'énergie du dragonnier jaillit comme une source et ruisselle le long des feuilles.

Epipremnum pinnatum

Scindapse

Cette aracée grimpante et retombante a de jolies feuilles vertes maculées de blanc, ou vert vif, marbrées de jaune. Ses tiges, longues de plusieurs mètres, peuvent recouvrir de vastes surfaces.

Origine : régions boisées d'Asie, îles du Pacifique.

Exposition/soins : la plante demande un lieu clair, semi-ombragé ou ombragé. Éviter impérativement l'action directe du soleil. Ayant besoin de très peu de lumière, elle peut être utilisée pour créer une séparation dans une pièce. Arroser régulièrement en été, mais éviter l'accumulation d'eau. Le scindapse supporte plutôt mal les basses températures, mais s'adapte très bien à l'air sec des pièces chauffées.

Mode d'action : la plante favorise l'harmonie entre les hémisphères cérébraux gauche et droit, et rééquilibre les êtres trop intellectuels ou, au contraire, trop affectifs.

Particularité : la sève est irritante pour la peau et les muqueuses.

Écologie : la plante neutralise très efficacement les polluants chimiques. Elle est donc parfaitement adaptée à tous types de lieux de travail.

Vibration de la plante : des guirlandes s'enroulent vers la droite et la gauche, jusqu'à l'extrémité des rameaux, formant de petits tourbillons d'énergie douce.

L'énergie du scindapse s'enroule vers la droite et la gauche en formant de petits tourbillons.

Euphorbia pulcherrima

Étoile de Noël, poinsettia

Cette plante de la famille des euphorbiacées est particulièrement en vogue au moment des fêtes de Noël. Son charme tient moins à ses petites fleurs vertes qu'à ses remarquables bractées, dont les couleurs vont, selon les variétés, du rouge, rose ou abricot au crème et au blanc.

Origine : régions tropicales du Mexique et d'Amérique centrale.

Exposition/soins : demande un emplacement clair, tempéré et humide, et craint les courants d'air ainsi que l'air trop chaud et sec. Arroser modérément, en évitant l'accumulation d'eau. Vaporiser de temps à autre.

Mode d'action : l'étoile de Noël active le cœur et la circulation. Au cœur de l'hiver, elle apporte une touche de bonne humeur.

Particularités : le latex de cette euphorbiacée est irritant pour la peau et les muqueuses. Ne pas la placer dans une chambre à coucher, et la tenir à distance des enfants. Malheureusement, la forte demande de la période de Noël a conduit à cultiver cette plante en monoculture dans une terre chargée de pesticides. Il ne faut donc l'acheter que chez de bons professionnels.

Écologie : elle est efficace contre les polluants chimiques.

Vibration de la plante : l'énergie, stimulante et vivifiante, tourne dans le sens des aiguilles d'une montre.

L'énergie de l'étoile de Noël tourne dans le sens des aiguilles d'une montre.

Exacum affine

Exacum

Les petites ondes d'énergie de l'exacum sont animées d'un mouvement de rotation rapide.

De la famille des gentianacées, l'exacum surprend par la profusion de ses petites fleurs bleu lavande, violettes ou blanches, aux remarquables étamines jaune d'or. Les fleurs répandent un parfum agréable.

Origine : île de Socotra.

Exposition/soins : la plante demande un emplacement clair, mais non ensoleillé, chaud et bien aéré. Elle doit être arrosée très régulièrement à l'eau adoucie. Ne pas la placer à l'extérieur pendant l'été, car elle supporte mal le mauvais temps.

Mode d'action : l'exacum active les poumons et les bronches, et favorise la réflexion. Le charme de cette plante exerce une action extrêmement positive sur les êtres à tendance dépressive.

Usage : essence de Bach contre la dépression.

Particularité : cette ravissante plante est parfaite pour les locaux collectifs, mais aussi pour toutes les pièces où se tiennent des enfants ou des animaux.

Écologie : l'exacum contribue à maintenir l'humidité de l'air dans la pièce.

Vibration de la plante : les petits tourbillons rapides évoquent une nuée d'insectes luminescents dans un paysage d'été.

Ficus benjamina

Figuier pleureur

Avec son feuillage décoratif et ses branches légèrement retombantes, le figuier pleureur, de la famille des moracées, est l'une des plantes d'appartement les plus populaires. Ses feuilles ovales, légèrement coriaces, sont d'un vert brillant, mais il existe aussi des variétés à feuilles panachées.

Origine : régions tropicales d'Asie, d'Afrique et d'Amérique.

Exposition/soins : placer toute l'année en un lieu très clair, mais protégé de l'action directe du soleil ; demande une atmosphère humide, chaude en été. Arroser modérément, mais vaporiser fréquemment dans les pièces chauffées, où l'air est sec.

Mode d'action : la plante a une action stimulante convenant bien aux êtres passifs et introvertis, moins adaptée aux petits enfants et aux animaux, car la vibration n'est pas suffisamment harmonieuse. Le figuier pleureur est une source de gêne pour un travail intellectuel intense.

Particularités : ne pas placer dans une chambre à coucher. Il provoque souvent des allergies chez les petits enfants.

Écologie : le figuier pleureur est idéal auprès d'une imprimante ou d'une photocopieuse, car il accélère l'élimination du formol. Il est également efficace contre des polluants comme le xylène, le toluène et l'ammoniac. La plante est un bon humidificateur d'atmosphère.

Vibration de la plante : des faisceaux discontinus d'énergie en spirale se dégagent.

Le figuier pleureur émet des faisceaux discontinus d'énergie en spirale.

Gardenia jasminoides

Gardénia

L'énergie du gardénia vibre en courbes régulières.

Cette plante en pot de la famille des rubiacées est majestueuse, avec ses grandes fleurs blanches généralement doubles et délicieusement parfumées, et ses petites feuilles luisantes, d'un vert sombre. Portés à la boutonnière, les gardénias faisaient fureur au début du xxe siècle.

Origine : îles Ryukyu, Japon, Chine.

Exposition/soins : les gardénias demandent un emplacement clair, mais non ensoleillé ; le substrat doit être maintenu humide, mais sans excès, avec de l'eau adoucie et tempérée.

Mode d'action : cette très belle plante redonne des forces, notamment après une maladie, une dépression ou un deuil, et elle apporte joie, optimisme et harmonie.

Particularités : cette plante sensible supporte mal la proximité d'enceintes acoustiques ou de matériels électroniques comme les ordinateurs, et n'aime pas les fortes variations de température.

Vibration de la plante : l'énergie très douce, bienfaisante et régulière, est légère et tiède comme une brise de printemps.

Guzmania

Guzmania

Les guzmanias comptent parmi les plus beaux représentants de la famille des broméliacées. Leurs feuilles longues et minces d'un vert tendre forment des rosettes d'où émerge une couronne de bractées rouges ou rouge orangé. Les fleurs simples, blanches ou jaunes, sont peu remarquables et éphémères. On trouve sur le marché de nombreuses variétés plus petites et plus robustes que les espèces.

Origine : Amérique centrale et Amérique du Sud.

Exposition/soins : le guzmania demande un lieu chaud, une atmosphère humide et une exposition claire à semi-ombragée toute l'année. Arroser à l'eau adoucie et tempérée, en versant de l'eau également au centre de la rosette après la floraison. Vaporiser fréquemment.

Mode d'action : les guzmanias activent et mobilisent les rêveurs, les grands dormeurs et les êtres introvertis.

Particularité : cette plante d'un rouge éclatant, très érotique, active surtout l'énergie masculine et convient très bien aux chambres à coucher lorsqu'elle est en fleur.

Vibration de la plante : l'énergie puissante, dirigée vers le haut, se déploie en cône.

L'énergie des guzmanias forme un cône dirigé vers le haut.

Gynura

Gynura

Le gynura produit des pelotes et des entrelacs d'énergie dirigés vers l'extérieur.

Appréciés pour la beauté de leur feuillage, les gynuras, de la famille des composées, étaient déjà très recherchés au siècle dernier comme plante d'appartement, spécialement *G. aurantiaca*, espèce sarmenteuse pouvant atteindre 1 mètre de haut. Aujourd'hui, on trouve également chez les fleuristes les espèces *G. procumbens* et *G. scandens*. Les feuilles des gynuras, généralement teintées de violet profond ou de pourpre, sont recouvertes d'un duvet soyeux. Les fleurs, jaunes ou orange, sont peu marquantes. Avec leurs longues tiges, ces plantes sont particulièrement décoratives en suspension.

Origine : Afrique tropicale, Asie.

Exposition/soins : les gynuras demandent toute l'année un emplacement très clair, mais non ensoleillé, et une atmosphère humide. Arroser et vaporiser régulièrement, mais jamais sur les feuilles. Seuls les sujets jeunes ont de belles feuilles ; c'est pourquoi on remplace généralement la plante au bout de deux ans.

Mode d'action : le gynura offre une bonne protection aux êtres vulnérables et redonne goût à la créativité ludique, dans notre monde axé sur les performances.

Vibration de la plante : cette plante sarmenteuse produit, comme le suggèrent ses formes, des pelotes d'énergie dirigées vers l'extérieur et s'entrelaçant.

Hedera helix

Lierre

Cette plante grimpante à feuilles persistantes de la famille des araliacées, aux feuilles à trois ou cinq lobes souvent nervurées de blanc, est particulièrement décorative lorsqu'on la suspend dans un panier. Il en existe de nombreuses variétés, dont les feuilles diffèrent par la taille, la forme et la couleur.

Origine : Europe, Asie, Afrique du Nord.

Exposition/soins : le lierre apprécie un emplacement clair à semi-ombragé, plutôt frais. Les variétés panachées demandent plus de clarté, les variétés vertes non panachées supportent bien l'ombre. Arroser régulièrement pendant la croissance.

Mode d'action : cette plante vivifiante rend positif et curieux. Elle suscite des idées nouvelles et aide à les imposer.

Particularités : le lierre ne doit pas être placé à proximité de petits enfants et de personnes souffrant de problèmes cutanés. Il peut provoquer des allergies en cas de contact direct.

Écologie : le lierre neutralise admirablement le formol et contribue aussi à l'élimination d'autres polluants.

Vibration de la plante : l'énergie puissante incite à aller de l'avant.

Le lierre possède une énergie puissante qui incite à entreprendre.

L'énergie de l'hibiscus jaillit en spirales dirigées vers l'extérieur.

Hibiscus rosa-sinensis
Hybrides

Hibiscus, rose de Chine

Avec ses multiples variétés aux fleurs de formes très particulières et de couleurs éclatantes, l'hibiscus est l'une des plantes en pot ou en bac les plus appréciées. Les feuilles brillantes, d'un vert foncé, font merveilleusement ressortir les fleurs. Chaque fleur ne tient qu'une journée, mais de nouveaux boutons s'ouvrent aussitôt. Les fleurs sont rouges, orange, jaunes ou blanches.

Origine : Asie tropicale, probablement sud de la Chine.

Exposition/soins : l'hibiscus demande un lieu chaud, très clair, mais protégé de l'action directe du soleil. Arroser régulièrement pendant la croissance et ne jamais laisser la motte se dessécher. Dans les pièces chauffées, maintenir l'humidité de l'air. En cas de changement de place accompagné d'une modification importante de l'intensité lumineuse et de l'humidité de l'air, la plante réagit très rapidement en perdant feuilles et bourgeons.

Mode d'action : cette plante aux couleurs vives rend entreprenant, sociable et ouvert, et aide en particulier les êtres introvertis à s'ouvrir aux autres.

Vibration de la plante : un faisceau d'énergie jaillit vers l'extérieur et délivre des spirales d'énergie vivifiante.

Hippeastrum

Amaryllis

Cette superbe plante bulbeuse de la famille des amaryllidacées n'est pratiquement plus proposée aujourd'hui que sous la forme d'hybrides à grandes fleurs. Les bulbes diffèrent selon les variétés. Après la période de dormance, une longue hampe florale jaillit en hiver ou au printemps ; elle porte à son extrémité trois ou quatre fleurs infundibuliformes.

Origine : Amérique du Sud.

Exposition/soins : pendant la floraison, l'amaryllis demande un emplacement clair et chaud. Les bulbes sont plantés entre novembre et février dans un pot assez grand, où ils ne doivent être enfoncés qu'à moitié. Arroser très peu au début, puis augmenter progressivement l'apport d'eau lorsque la hampe atteint la hauteur d'une main, en évitant de mouiller le bulbe. Couper la hampe après la floraison, laisser le feuillage se flétrir et conserver les bulbes dans un endroit sombre.

Mode d'action : l'énergie fraîche, bienfaisante et stimulante de l'amaryllis aide à conserver son

équilibre psychique et à prendre des décisions selon son cœur.

Particularités : source d'entrain, l'amaryllis ne doit pas être placé dans une chambre à coucher ou un lieu de méditation. Après la floraison, la plante ne constitue plus une source d'énergie adaptée.

Vibration de la plante : la force puissante est dirigée vers le haut. Les fleurs émettent des tourbillons tournant comme des ventilateurs.

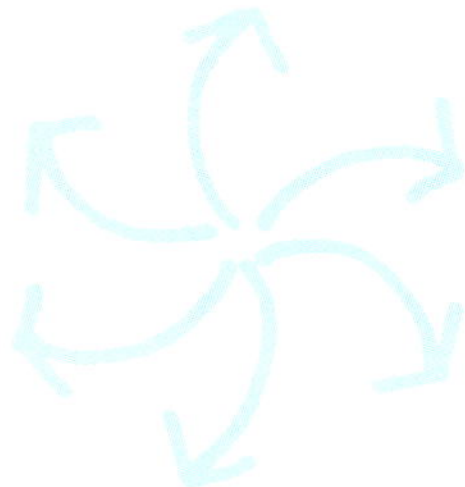

Les fleurs de l'amaryllis émettent des tourbillons d'énergie tournant comme des ventilateurs.

L'énergie du kentia se déploie en courbes harmonieuses autour des frondes.

Howea

Kentia, palmier howea

Bien adapté à la culture en pot, le kentia incline avec beaucoup de grâce ses longues frondes vert foncé aux folioles régulières. Ce palmier fleurit rarement en culture.

Origine : îles Lord-Howe, dans l'océan Pacifique.

Exposition/soins : ces plantes élégantes s'adaptent très bien aux appartements, car elles sont peu sensibles à l'air sec. Elles demandent un emplacement chaud, clair à semi-ombragé, protégé des rayons du soleil, et un arrosage régulier à l'eau tempérée peu calcaire. Attendre que le substrat soit sec avant de renouveler l'apport d'eau.

Mode d'action : la plante renforce et focalise les énergies positives ; elle favorise la pensée productive. Elle crée un climat harmonieux au bureau et à la maison, et atténue les énergies négatives.

Particularité : la plante n'agit que lorsqu'elle est exempte de poussière.

Écologie : les kentias absorbent très efficacement les polluants chimiques et sont de remarquables humidificateurs d'air.

Vibration de la plante : l'énergie douce, mais ciblée, se déploie en courbes harmonieuses autour des frondes.

Hoya

Fleur de porcelaine

Les longues tiges de cette plante grimpante à feuilles persistantes de la famille des asclépiadacées portent des feuilles charnues et brillantes. Les fleurs cireuses, blanches ou roses, formant une étoile autour d'un cœur plus sombre, sont réunies en ombelles au parfum enivrant, qui se dégage surtout en fin de journée. L'espèce la plus courante est *H. carnosa*, mais *H. multiflora*, aux fleurs jaune-vert, et *H. lacunosa* sont également belles. *H. bella* fait une merveilleuse plante dans un panier suspendu.

Origine : Chine, Malaisie, Australie.

Exposition/soins : en été, placer la plante dans un lieu clair et chaud, et maintenir le substrat légèrement humide. Elle ne doit pas être déplacée, car elle perd fleurs et boutons. Elle demande impérativement des tuteurs ou un espalier.

Mode d'action : les fleurs de porcelaine aident les êtres romantiques à se recentrer et à reprendre pied de façon positive dans la réalité.

Particularité : placée à côté du lit, la fleur de porcelaine favorise les rêves.

Vibration de la plante : l'énergie douce, ondulante, émane en rosette des ombelles de fleurs.

L'énergie ondulante de la fleur de porcelaine émane en rosette.

La vibration énergétique de l'hortensia est pétillante et pleine de vie.

Hydrangea macrophylla

Hortensia

La plupart des hortensias se distinguent par de très grosses boules de fleurs ; ils se prêtent parfaitement à la culture en pot. Ces arbrisseaux de la famille des saxifragacées, au feuillage dense, portent des feuilles fortement dentées, d'un vert vif. Sur les fleurs en ombelles, ce sont les sépales du pourtour qui sont le plus remarquables, les fleurs fructifères du centre sont plus petites et plus discrètes. Les couleurs vont du blanc, rose ou pourpre au bleu et au violet. La couleur bleue s'obtient en acidifiant le terreau au sulfate d'aluminium.

Origine : Chine, Asie du Sud-Est.

Exposition/soins : les hortensias demandent toute l'année un emplacement clair à semi-ombragé, bien protégé d'un ensoleillement trop vif, et le plus frais possible. Maintenir le substrat très humide avec de l'eau non calcaire. Éviter impérativement le dessèchement de la motte.

Mode d'action : la plante est particulièrement indiquée pour les êtres mélancoliques, dépressifs, enfermés dans des schémas négatifs. Elle favorise la créativité et la spontanéité.

Vibration de la plante : des charges énergétiques très vivantes, pétillantes, suscitent joie et gaieté.

Impatiens walleriana

Impatience

Les nombreuses espèces sont très recherchées pour leur exceptionnelle floraison. Les fleurs de cette balsaminacée, qui se déclinent dans toutes les nuances de blanc, rose, rouge, orangé ou violet, peuvent aussi être bicolores.

Origine : Inde, Sri Lanka, Afrique orientale tropicale.

Exposition/soins : la plante demande toute l'année un emplacement clair, non ensoleillé et tempéré. Maintenir bien humide en été, mais éviter l'accumulation d'eau ; arroser plus modérément pendant la période de repos.

Mode d'action : l'impatience active les êtres lents et modère les hyperactifs. Les fleurs blanches stimulent l'activité psychique, les fleurs roses l'activité émotionnelle, les fleurs lilas l'activité spirituelle, les fleurs rouges l'activité physique, et les fleurs orangées l'activité érotique.

Particularités : la vibration est plus forte lorsque plusieurs sujets sont réunis.

Vibration de la plante : les impulsions énergétiques se déploient en cercles de la fleur vers l'extérieur et exercent une action stimulante, motivante.

L'énergie de l'impatience se déploie en cercles de la fleur vers l'extérieur.

Le jacobinia produit de petits nuages d'énergie tournant en ellipses.

Jacobinia

Jacobinia

Ces plantes ravissantes comptent parmi les plus beaux représentants de la famille des acanthacées. Elles sont prisées pour leurs inflorescences en forme d'épis, composées de fleurs rouges, jaunes, roses ou orangées, et leurs feuilles oblongues couvertes d'un fin duvet. Les espèces cultivées en pot sont surtout *J. carnea* et *J. pauciflora*. La première peut atteindre 1,50 m de haut, la seconde 50 centimètres environ. Le genre était autrefois nommé *Justicia*.

Origine : Amérique du Sud.

Exposition/soins : la plante demande toute l'année un emplacement clair et une atmosphère humide ; maintenir le substrat bien humide en été, et ne pas le laisser se dessécher en hiver, car le jacobinia perdrait ses fleurs et ses feuilles. Les deux espèces précitées sont très sensibles à l'air sec.

Mode d'action : les jacobinias rétablissent l'harmonie en cas de colère ou de stress et aident à exprimer les sentiments refoulés.

Particularité : la vibration de la plante est particulièrement bien adaptée au cabinet de consultation du médecin ou du guérisseur.

Vibration de la plante : de petits nuages d'énergie décrivent des ellipses, comme un essaim luminescent plus agité au centre que sur le pourtour.

La vibration énergétique du jasmin forme de petits tourbillons.

Jasminum

Jasmin

Parmi les nombreuses oléacées grimpantes ou exubérantes, c'est surtout *J. officinale* qui est cultivé en pot. Ses graciles fleurs blanches exhalent un parfum entêtant.

Origine : régions tropicales et subtropicales d'Afrique, d'Asie et d'Amérique.

Exposition/soins : la plante demande en été un emplacement clair et bien aéré, mais protégé de l'action directe du soleil. Maintenir la motte constamment humide, avec de l'eau adoucie.

Mode d'action : le jasmin a une action érotisante et stimulante, et il potentialise le plaisir dans les contacts humains.

Vibration de la plante : les gracieux petits tourbillons d'énergie évoquent la danse de séduction d'une libellule.

Les lignes d'énergie du médicinier vont de l'intérieur vers l'extérieur.

Jatropha podagrica

Médicinier

Appartenant à la grande famille des euphorbiacées, le médicinier est très recherché pour sa curieuse silhouette. Cet arbuste succulent a un tronc renflé en forme de bouteille et de grandes feuilles composées de trois à cinq lobes, qui tombent pendant la période de repos hivernal. De petites fleurs rouge corail apparaissent en hiver à l'extrémité de longues tiges rouges.

Origine : Amérique centrale.

Exposition/soins : placer toute l'année en un lieu tempéré, clair à ensoleillé, mais protégé de l'action directe du soleil aux heures les plus chaudes. Peu exigeant, le médicinier demande un faible apport d'eau ; arroser un peu plus pendant la floraison. Maintenir le terreau presque sec après la chute des feuilles.

Mode d'action : le médicinier convient particulièrement aux êtres tendant à se protéger des blessures émotionnelles et à se forger une carapace protectrice. Il aide à dénouer les blocages affectifs.

Particularité : toutes les parties de la plante sont toxiques, et son suc laiteux ne doit pas entrer en contact avec les yeux. Protéger enfants et animaux.

Vibration de la plante : les lignes d'énergie douce allant de l'intérieur vers l'extérieur sont presque imperceptibles pendant la période de repos.

Kalanchoe

Kalanchoé

Le genre kalanchoé, de la famille des crassulacées, a un succès considérable auprès des amateurs de plantes grasses, car il comprend une très grande diversité d'espèces aux fleurs et aux feuilles des plus variées. On trouve de petites plantes de 10 centimètres de haut, des arbustes pouvant atteindre 2 mètres de haut ou encore des espèces retombantes. La plus connue, *K. blossfeldiana*, a donné naissance à une multitude de variétés aux fleurs roses, rouges, orange ou jaunes. Assez récent sur le marché, *K. porphyrocalyx*, avec ses inflorescences pendantes rouges ou roses, se prête aussi bien à la culture en suspension que *K. manginii*.

Origine : Madagascar.

Exposition/soins : la plante demande toute l'année lumière et soleil. Arroser modérément en été, maintenir presque sec en hiver.

Mode d'action : les kalanchoés sont source de bonne humeur, notamment pour ceux qui ont du mal à se dérider le matin.

Particularité : l'énergie très tonifiante du kalanchoé se trouve renforcée par la présence de plusieurs sujets.

Écologie : la plante est efficace contre les polluants chimiques.

Vibration de la plante : l'énergie puissante n'est pas centrée.

Le kalanchoé a une énergie non centrée.

La vibration en dents de scie du livistone semble presque agressive.

Livistona

Livistone, palmier éventail

Les livistones, de la famille des palmiers, ont de superbes feuilles en éventail, qui se dressent à l'extrémité des pétioles.

Origine : Asie tropicale, Indonésie.

Exposition/soins : les livistones demandent un lieu bien ensoleillé et doivent être abondamment arrosés pendant la croissance.

Mode d'action : la plante apporte agressivité, courage, combativité et persévérance. Elle protège contre les influences négatives de l'extérieur.

Particularité : les livistones ne sont pas adaptés aux chambres à coucher, ni aux cabinets de consultation.

Vibration de la plante : la vibration ample, en dents de scie, peut paraître agressive.

Maranta

Dormeuse, marante

Surnommée « dormeuse » à cause de ses feuilles qui se replient pendant la nuit, la marante est une plante à racine rhizomateuse dont les feuilles aux couleurs et aux motifs variables sortant de longs pétioles engainés attirent tous les regards. Les espèces cultivées les plus courantes sont *M. bicolor* et *M. leuconeura*, dont les variétés 'Kerchoviana', 'Erythroneura', 'Fascinator' et 'Massangeana' sont particulièrement appréciées.

Origine : Brésil, Amérique tropicale.

Exposition/soins : la plante demande toute l'année un emplacement chaud, clair à semi-ombragé, et une atmosphère humide.

Mode d'action : les marantes aident à mener à bien ce que l'on entreprend. Elles peuvent apporter aux êtres craintifs l'énergie dont ils ont besoin pour se défendre.

Particularité : ne pas placer dans une chambre à coucher ou une chambre d'enfant, ni directement sur un bureau ou au-dessus d'un poste de travail.

Écologie : remarquable plante de bureau, la dormeuse assure une bonne humidification de l'air et contribue à l'élimination de substances comme l'ammoniac.

Vibration de la plante : les impulsions énergétiques en flèche sont dirigées vers l'extérieur.

La dormeuse émet des impulsions énergétiques en flèche, dirigées vers l'extérieur.

Les médinillas émettent des ondes d'énergie ascendante.

Medinilla magnifica

Médinilla

Cette superbe plante de la famille des mélastomacées présente de grandes feuilles coriaces et de longues inflorescences pendantes de couleur rose, entourées de larges bractées vieux rose.

Origine : Philippines.

Exposition/soins : placer dans un lieu chaud, clair à ensoleillé, mais protégé du soleil aux heures les plus chaudes. La plante demande une atmosphère humide. Arroser, à partir de la formation des bourgeons, avec de l'eau non calcaire. Une période de repos de deux mois est nécessaire pour la floraison.

Mode d'action : la plante aide à accepter et à exprimer les émotions refoulées. Elle peut contribuer à la guérison de blessures affectives anciennes.

Particularité : ne pas déplacer la plante lorsqu'elle a commencé à fleurir, car elle perdrait ses fleurs.

Vibration de la plante : les ondes d'énergie puissantes montent, puis retombent en gerbe.

Monstera

Monstère

Cette imposante plante verte de la famille des aracées présente de grandes feuilles vert brillant, profondément découpées et perforées à l'état adulte. Formant de longues tiges sur lesquelles se développent des racines aériennes, la plante a besoin d'un tuteur ou d'une branche comme support.

Origine : régions tropicales d'Amérique du Sud et d'Amérique centrale.

Exposition/soins : placer toute l'année en atmosphère humide et maintenir le substrat humide. Laver les feuilles de temps à autre pour que les orifices par lesquels se font les échanges gazeux restent ouverts. Ne jamais couper les racines aériennes.

Mode d'action : cette plante d'où émane une grande sérénité est à la fois un facteur d'harmonie et une source d'activation positive.

Particularité : c'est une plante idéale pour les locaux collectifs.

Écologie : le monstère est un excellent humidificateur d'atmosphère.

Vibration de la plante : cette plante à larges feuilles ralentit et focalise les flux d'énergie dans une pièce.

Les monstères ralentissent et focalisent les flux d'énergie.

La vibration en nuage du myrte est énergique et équilibrante.

Myrtus communis

Myrte

Cultivée dans tout le bassin méditerranéen pour ses essences aromatiques, cette très belle plante de la famille des myrtacées est l'une des plantes d'intérieur les plus anciennes. Elle présente de petites feuilles persistantes coriaces, vert foncé, très aromatiques, et de petites fleurs blanches odorantes. Sont tout particulièrement belles les variétés appelées 'Outre-Rhin', myrte de la mariée, et la myrte à feuillage panaché 'Variegata'.

Origine : bassin méditerranéen.

Exposition/soins : en été, le myrte demande un emplacement chaud et ensoleillé, de préférence en plein air ; maintenir le substrat humide avec de l'eau adoucie. La plante peut être taillée et permet de réaliser de jolies formes en couronne ou en pyramide.

Mode d'action : le myrte protège les anxieux et leur donne de l'assurance. Il ne convient pas en cas de mycose ou d'atteinte parasitaire due à des défenses déficientes.

Mythologie : on tresse aujourd'hui encore des couronnes de mariée avec le myrte, qui vient, selon une légende arabe, du paradis. Dans la mythologie grecque et romaine, le myrte était consacré à Aphrodite et symbolisait jeunesse, beauté et virginité.

Vibration de la plante : la vibration en nuage, douce mais énergique, a une action équilibrante.

Neoregelia

Néorégélia

Dans leur habitat naturel – les forêts tropicales humides –, les néorégélias sont le plus souvent épiphytes. Ces broméliacées sont très appréciées pour leurs belles rosettes, au centre desquelles s'épanouit la fleur entourée de bractées aux couleurs intenses. L'une des espèces les plus connues est *N. carolinae*, dont on trouve des variétés de différentes couleurs, comme 'Tricolor', 'Meyendorffii' et 'Marechalii'. Mais de nombreux cultivars de *N. binotii* et *N. concentrica* sont également proposés.

Origine : Brésil.

Exposition/soins : la plante exige une atmosphère très humide, et beaucoup de lumière et de chaleur, mais elle craint l'action directe du soleil. Arroser et vaporiser à l'eau adoucie. La rosette peut être constamment remplie d'eau.

Mode d'action : la plante aide les êtres vulnérables, cherchant toujours à se protéger de nouvelles blessures. Elle est cependant déconseillée aux personnes très sensibles, qui peuvent se sentir agressées.

Vibration de la plante : les rayons d'énergie se hérissent de piques à l'extérieur, une énergie douce de sens opposé réside à l'intérieur.

Les néorégélias émettent des rayons d'énergie hérissés de piques à l'extérieur, mais focalisent à l'intérieur une énergie douce de sens opposé.

Nephrolepis

Néphrolépide

Les néphrolépides sont des fougères d'appartement de la famille des polypodiacées, très appréciées pour leur résistance et leur longévité. Leurs frondes pennées vert clair sont disposées en rosettes acaules dressées ou retombantes. *N. exaltata* est l'espèce la plus importante pour la culture d'intérieur. Elle se décline dans des cultivars aux pennes ondulées, frisées ou récurvées, comme 'Roseveltii', 'Bornstedt', 'Bostoniensis' ou 'Teddy Junior'. Les frondes de *N. biserrata* peuvent atteindre 1 mètre de long. Sont également très décoratives les minces frondes vert clair de *N. cordifolia* et de son cultivar 'Plumosa'.

Les flux d'énergie des néphrolépides vont de l'intérieur vers l'extérieur et vers le bas.

Origine : forêts tropicales humides.

Exposition/soins : la plante exige durant toute l'année un emplacement clair à ensoleillé et une atmosphère humide. Arroser et vaporiser à l'eau adoucie ; ne surtout jamais laisser la motte se dessécher.

Mode d'action : le néphrolépide est un facteur d'harmonie pour l'ensemble du système nerveux.

Écologie : c'est une plante très efficace contre les polluants chimiques (formol, xylène et toluène).

Vibration de la plante : le flux d'énergie évolue de l'intérieur vers l'extérieur et vers le bas, tout en s'atténuant.

Nerine

Nérine, lis de Guernesey

Les nérines sont des plantes bulbeuses de la famille des amaryllidacées dont les fleurs en ombelles, généralement rosées, apparaissent à l'extrémité de longues tiges, le plus souvent avant les feuilles. *N. sarniensis* est à l'origine de nombreux hybrides.

Origine : Afrique du Sud.

Exposition/soins : les nérines demandent un emplacement clair à semi-ombragé, de la fraîcheur en hiver et un arrosage régulier pendant la floraison. La plante est cultivée par forçage à partir des bulbes.

Mode d'action : les nérines ont une action stimulante, très énergisante, qui favorise la créativité. Elles sont particulièrement adaptées au travail de bureau et aux activités intensives et peu diversifiées.

Particularité : toutes les parties de la plante sont toxiques ; elle est donc dangereuse pour les petits enfants et les animaux.

Vibration de la plante : une énergie de type éolienne émane des fleurs de la plante.

Les fleurs de nérine émettent une énergie de type éolienne.

Oncidium papilio

Oncidium papillon

Cette orchidée à l'aspect très exotique, semblable à un papillon, n'est pas très facile à cultiver en appartement. Ses grandes fleurs jaunes marbrées apparaissent à l'extrémité de longues hampes florales qu'il ne faut pas couper, car un bourgeon s'y développe au cours de la floraison.

Cette orchidée émet une vibration énergétique intense et subtile.

Origine : régions tropicales et subtropicales d'Amérique du Sud.

Exposition/soins : cette orchidée exige des température diurnes de 18 à 24 °C, des températures nocturnes de 13 à 16 °C et un taux d'humidité de 40 à 60 %. Elle demande aussi quelques heures d'ensoleillement direct et un important apport d'eau non calcaire pendant la croissance et jusqu'à la fin de la floraison.

Mode d'action : cette plante étrange agit fortement sur les organes sexuels et la libido, et accroît le pouvoir de séduction de l'homme et de la femme. Elle contribue à créer une atmosphère érotique dans une chambre.

Écologie : c'est une plante efficace contre les polluants chimiques.

Vibration de la plante : la vibration énergétique, intense et subtile, évoque un essaim de papillons ou d'abeilles.

Paphiopedilum

Sabot-de-Vénus

Le merveilleux sabot-de-Vénus, dont le labelle rappelle effectivement une chaussure, est l'une des orchidées les plus populaires. Les fleurs, qui s'épanouissent en hiver et au printemps, tiennent plusieurs semaines, voire plusieurs mois. Elles sont blanches, jaunes, vertes, brunes ou rougeâtres, parfois rayées, tachetées ou tigrées.

Origine : Inde, Philippines, Thaïlande.

Exposition/soins : la plante demande en été un lieu semi-ombragé, protégé de l'action directe du soleil, et en hiver un emplacement clair et une température d'au moins 18 °C. Maintenir le substrat humide avec une eau non calcaire. Vaporiser fréquemment les feuilles et assurer un fort taux d'humidité de l'air.

Mode d'action : le sabot-de-Vénus détend et stimule le ventre et l'abdomen. Il aide à exprimer ses sentiments et à surmonter d'anciennes blessures affectives.

Particularité : plus intéressante en groupe, cette orchidée embellit d'année en année.

Écologie : c'est une plante efficace pour humidifier l'atmosphère et éliminer les polluants chimiques.

Vibration de la plante : l'énergie est ciblée et focalisée, centrée dans la fleur.

L'énergie du sabot-de-Vénus est focalisée et centrée dans la fleur.

Les pelotes d'énergie en rosette de la fleur de la Passion tournent comme des éoliennes.

Passiflora

Fleur de la Passion, passiflore

Cette passifloracée à feuilles persistantes tient son nom de sa fleur symbolisant la passion du Christ. La corolle radiée représente la couronne d'épines, les étamines figurent les marteaux ayant servi à enfoncer les clous, et les stigmates les clous.

Origine : Amérique tropicale et subtropicale, Asie, Australie.

Exposition/soins : la fleur de la Passion exige beaucoup de lumière toute l'année, et un bon apport d'eau et d'engrais pendant la croissance. Cette plante demande un tuteurage adapté.

Mode d'action : les fleurs de la Passion activent et stimulent la perception de son propre corps. Elles apportent aux tempéraments ascétiques plus de joie de vivre et de sensualité.

Vibration de la plante : les pelotes d'énergie en rosette tournent comme des éoliennes.

Philodendron

Philodendron

Cette plante de la famille des aracées, très populaire, grimpante ou buissonnante selon les espèces et les variétés, présente des feuilles coriaces aux formes très diverses et, surtout dans son habitat naturel, de longues racines aériennes. Peu de genres offrent une telle diversité d'espèces qui soient cultivables en appartement. L'une des plus belles est *P. melanochrysum*, dont les longues feuilles vert bronze semblent poudrées d'or. Mais d'autres espèces, comme *P. ilsemannii, P. pedatum* et *P. domesticum*, portent des feuilles aux formes et aux motifs très variés.

Origine : Amérique du Sud.

Exposition/soins : les philodendrons demandent toute l'année un emplacement chaud, clair à semi-ombragé. Arroser et vaporiser à l'eau tempérée, non calcaire. Les espèces à grandes feuilles, en particulier, aiment être douchées de temps à autre à l'eau tiède.

Mode d'action : le vert intense et brillant des feuilles signale la vitalité de la plante, qui apporte renouveau, détente et forces neuves dans les situations bloquées. C'est une plante idéale pour l'aménagement des bureaux paysagers.

Particularités : le philodendron ne supporte pas les lustrants pour feuillage. Comme de nombreuses aracées, il contient des substances irritantes pour les muqueuses et doit être placé à distance des petits enfants et des animaux domestiques.

Écologie : le philodendron neutralise les polluants chimiques.

Vibration de la plante : la vibration puissante, concentrée, jaillit comme une source de la terre.

L'énergie concentrée du philodendron jaillit comme une source de la terre.

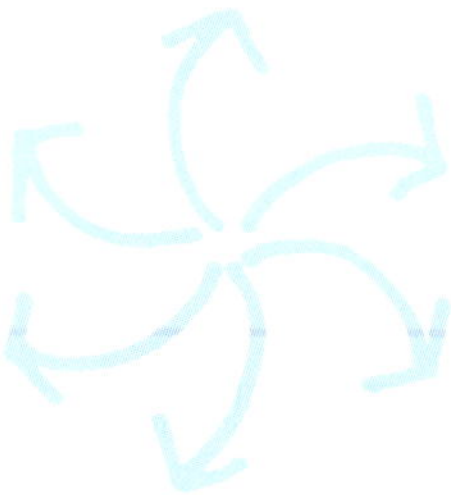

La corne-de-cerf agit comme un ventilateur et mobilise l'énergie stagnante.

Platycerium bifurcatum

Corne-de-cerf, corne-d'élan

Cette fougère de la famille des polypodiacées est une plante retombante insolite, qui attire tous les regards. Espèce tropicale, la corne-de-cerf présente de longues frondes bifides, coriaces, pouvant atteindre 90 centimètres, s'échappant en oblique d'une sorte de nid brun. Ce nid est constitué d'anciennes frondes stériles en décomposition, qui retiennent l'eau et dont la plante se nourrit. On trouve de très belles variétés de *P. bifurcatum*, comme 'Hillii', 'Majus', 'Roberts' et 'San Diego'.

Origine : régions tropicales d'Asie du Sud-Est, Australie, Afrique.

Exposition/soins : l'emplacement optimal pour la corne-de-cerf est une vitrine chaude et humide. Mais tout autre lieu chaud, clair à semi-ombragé, est adapté si l'on plonge le pot une fois par semaine dans de l'eau tempérée non calcaire, et que l'on assure par vaporisation d'eau adoucie une bonne humidité de l'air. Ne pas retirer les frondes fanées. Les jeunes plants peuvent aussi être cultivés sur des bûches.

Mode d'action : la plante favorise la communication et exerce une action équilibrante, par exemple sur un groupe de personnes aux tempéraments très différents.

Particularités : cette espèce peut être utilisée comme un régulateur dans le Feng shui. Cette plante imposante ne doit jamais être suspendue au-dessus d'un lit ou d'un poste de travail.

Vibration de la plante : la corne-de-cerf agit comme un ventilateur et mobilise l'énergie stagnante.

Primula obconica

Primevère

La primevère a des fleurs blanches, rouges, roses ou bleu lavande, réunies en ombelles au-dessus de grandes feuilles vert foncé. C'est l'une des rares primulacées proposées chez les fleuristes qui puissent être gardées d'une saison sur l'autre.

Origine : Chine.

Exposition/soins : la primevère fleurit à profusion lorsqu'elle bénéficie d'un emplacement clair mais modérément ensoleillé et plutôt frais pendant la floraison. Maintenir le substrat légèrement humide en évitant l'accumulation d'eau. Rempoter après la floraison. Les fleurs tiennent plus longtemps si la plante est placée dans une pièce à 10-15 °C pendant la floraison.

Mode d'action : cette plante reflète la gaieté et donne des ailes. Elle est beaucoup plus efficace en groupe.

Particularité : la primevère peut provoquer des allergies en cas de contact direct avec la peau et les muqueuses. Il convient donc de protéger les enfants.

Usage : elle est utilisée en homéopathie classique pour la peau et les muqueuses, ainsi qu'en cas de faiblesse.

Vibration de la plante : les rosettes d'énergie incitent à la bonne humeur.

Les rosettes d'énergie de la primevère sont pleines de gaieté.

Punica granatum

Grenadier commun

Bon nombre de plantes cultivées en pot ou en bac n'ont été rapportées de contrées lointaines qu'au XIXe siècle. Le grenadier, lui, est cultivé depuis très longtemps sur tout le pourtour du bassin méditerranéen. A l'instar du citronnier, il a probablement été introduit dès le XVIe siècle, comme en témoigne un tableau de Jérôme Bosch, peint vers 1540. Mais on ne connaissait pas, à l'époque, les variétés actuelles à grandes fleurs rouges, jaunes ou blanches, ni les formes naines, qui ne dépassent pas 1 mètre de haut, mais fleurissent à profusion. Les fleurs apparaissent en été et sont suivies de fruits ronds, comestibles.

Origine : Proche-Orient. Naturalisé sur le pourtour du bassin méditerranéen.

Exposition/soins : cette superbe plante en bac préfère être placée à l'extérieur en été et demande en hiver un lieu clair et frais, par exemple un jardin d'hiver non chauffé, mais protégé du gel. Elle demande chaleur et humidité toute l'année, plus de fraîcheur en hiver.

Mode d'action : le grenadier est efficace contre les troubles hormonaux et la stérilité d'origine psychique chez l'homme et la femme.

Mythologie : dans l'Antiquité, son fruit était considéré comme une pomme d'amour, à laquelle on prêtait des vertus aphrodisiaques. La grenade symbolisait en outre le renouveau, le printemps et la fertilité de la terre. Au XVe siècle, les auteurs orientaux mentionnent les effets de la grenade sur la libido. La médecine tibétaine prête également une grande efficacité à la plante, qui est prescrite en cas de baisse de la libido.

Vibration de la plante : la vibration énergétique puissante est concentrée dans les fruits, comestibles, et tourne vers l'extérieur.

La vibration énergétique du grenadier, particulièrement concentrée dans les fruits, tourne vers l'extérieur

Rhododendron

Azalée

La diversité des azalées – de la famille des éricacées – proposées sur le marché est considérable. Il en existe pour tous les goûts, couleurs et formes variant à l'infini. Les fleurs blanches, rose vif, rose tendre ou rouges respirent la fraîcheur et la légèreté. Il existe aussi des variétés à fleurs bicolores.

Origine : Chine, Japon.

Exposition/soins : placer de préférence en un lieu semi-ombragé, humide, frais et bien aéré (l'azalée est à l'origine une plante des sous-bois). Arroser régulièrement à l'eau tempérée et adoucie, additionnée une fois par semaine, en été, d'un engrais pour rhododendron. Oter les fleurs fanées.

Mode d'action : l'azalée procure joie, détente et calme, et fortifie les nerfs. C'est la plante de l'amitié.

Particularités : elle occupe une place importante, au Japon, dans la philosophie zen et l'art du jardinage.

Usage : cette plante est utilisée en homéopathie contre les névralgies, les rhumatismes, la goutte et les bourdonnements d'oreilles.

Écologie : l'azalée est efficace contre les polluants chimiques.

Vibration de la plante : l'énergie, légère et douce, tourne en spirale vers l'extérieur.

L'énergie légère et douce de l'azalée tourne en spirale vers l'extérieur.

Les rosiers nains émettent une énergie douce, régulière, centrée, comme un nuage animé de pulsations.

Rosa chinensis

Rosier nain, rosier miniature

Les rosiers nains sont aujourd'hui des plantes extrêmement prisées. On les trouve notamment au moment de la Saint-Valentin ou pour la fête des Mères, et leur succès ne se dément pas. Les versions miniatures des grands rosiers de jardin ne dépassent généralement pas 30 centimètres de haut. Leurs fleurs sont rouge clair, rouge foncé, roses ou jaune citron. De nombreuses variétés sont proposées. On recommandera surtout, parmi les variétés à fleurs rouges, 'Minima' et 'Dwarf King 78' ; pour les variétés à fleurs roses, 'Daniela' et 'Dwarf Queen 82' ; 'Guletta' pour les fleurs jaunes ; 'Baby Maquerode', dont les boutons sont rouges et les fleurs jaunes. La floraison de ces rosiers a lieu en été.

Origine : Chine.

Exposition/soins : placer les rosiers nains en un lieu clair et bien aéré. Protéger de l'action directe du soleil et de la chaleur stagnante, maintenir au frais en hiver. Arroser régulièrement en évitant impérativement l'accumulation d'eau. Supprimer les fleurs fanées pour stimuler le départ de la végétation.

Mode d'action : la plante ouvre les cœurs et laisse libre cours à l'amour.

Usage : les roses sont utilisées en essence de Bach (rock rose, en cas de choc ou de traumatisme), en cosmétologie (parfums, pommades, onguents) et en aromathérapie (amour, érotisme, joie de vivre).

Vibration de la plante : l'énergie douce, régulière, centrée, émet des impulsions circulaires, comme un nuage animé de pulsations. Elle donne parfois une impression de chaleur. Les roses sont les fleurs qui émettent la vibration la plus intense et la plus subtile.

Saintpaulia ionantha

Violette du Cap

Cette ravissante petite plante de la famille des gesnériacées est devenue un classique dans le monde des plantes en pot. On trouve sur le marché des variantes à fleurs simples ou doubles, ondulées ou frisées, dans des teintes allant du blanc au violet foncé, ainsi que des variétés bicolores. Il existe même aujourd'hui de mignonnes violettes miniatures ressemblant de plus en plus, avec leurs petites fleurs un peu désuètes, aux espèces parfumées de nos latitudes. Les feuilles charnues sont couvertes de fins poils denses. C'est une plante très florifère.

Origine : Afrique.

Exposition/soins : la violette du Cap demande une température constante (entre 18 et 20 °C) et un lieu clair à semi-ombragé. Arroser à l'eau tempérée, en veillant à ne pas verser d'eau sur les feuilles et les fleurs, pour ne pas les tacher. Éviter de laisser de l'eau dans la soucoupe. La plante fleurit inlassablement si on lui donne de l'engrais deux fois par mois. Éliminer les fleurs fanées.

Mode d'action : la plante est source de stimulation et d'harmonie (feuilles cordiformes). Elle fait régner la bonne humeur et crée une ambiance positive.

Vibration de la plante : les cercles d'énergie vivifiante, douce, s'affaiblissent vers l'extérieur.

La violette du Cap émet des cercles d'énergie vivifiante, douce, s'affaiblissant vers l'extérieur.

Les puissantes flèches d'énergie de la sansevière éclatent en tourbillons à la pointe des feuilles.

Sansevieria trifasciata

Sansevière, langue-de-belle-mère

La sansevière, de la famille des agavacées, communément appelée « langue-de-belle-mère », est cultivée en Europe depuis au moins deux cents ans. Cette plante rigide à port dressé a des feuilles dures de près de 1 mètre de long, bordées ou rayées de jaune, et des rhizomes dont la vitalité fait parfois éclater le pot.

Origine : Afrique occidentale tropicale.

Exposition/soins : la sansevière se développe pratiquement partout, supporte l'eau calcaire et n'est pas rancunière si l'on oublie parfois de l'arroser.

Mode d'action : avec ses feuilles dressées vers le haut et sa vitalité, la sansevière invite à s'attaquer sans hésiter à la réalisation de ses objectifs, notamment dans le domaine émotionnel et affectif. Les êtres craintifs peuvent apprendre à faire face aux agressions. La plus combative des plantes d'intérieur potentialise les émotions positives et négatives.

Écologie : la sansevière est efficace contre les polluants chimiques.

Vibration de la plante : c'est une énergie puissante, en flèches qui se brisent en tourbillons à la pointe des feuilles.

Saxifraga stolonifera

Saxifrage sarmenteuse

La saxifrage, de la famille des saxifragacées, est l'une des plantes suspendues les plus belles et les moins exigeantes. Elle produit une multitude de nouvelles plantules (bulbilles) à l'extrémité de longs stolons. Elle présente des rosettes de feuilles arrondies à réniformes, vert foncé, veinées d'argent sur le dessus et pourpres à violettes au revers.

Origine : Chine, Japon.

Exposition/soins : la saxifrage demande un emplacement clair, bien aéré et frais, et un arrosage modéré. Plus le feuillage est panaché, plus la plante a besoin de chaleur et de clarté.

Mode d'action : la plante crée tout d'abord une sensation de désordre, mais elle aide ensuite à raccorder les éléments d'un ensemble et à y voir clair dans des systèmes complexes. Elle donne de la transparence aux structures de l'entreprise ou de la famille, et favorise l'intégration de l'individu à un travail d'équipe ou à une situation familiale. C'est une espèce idéale, au travail, pour la réalisation d'objectifs communs.

Vibration de la plante : des faisceaux d'énergie turbulents et entrelacés semblent tourner autour d'une sphère centrale.

Les faisceaux d'énergie de la saxifrage semblent tourner autour d'une sphère centrale.

Schefflera

Schefflléra, arbre-ombrelle

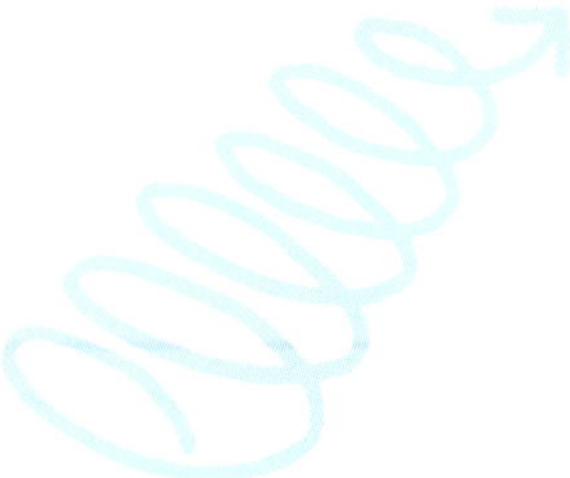

La vibration énergétique du schefflléra décrit des arcs de cercle spiralés pleins de gaieté.

Ce bel arbuste de la famille des araliacées présente des feuilles digitées, pétiolées et vernissées, différentes à l'état juvénile et à l'âge adulte. L'espèce la plus courante est *S. actinophylla*, également proposée sous le nom de *Brassaia actinophylla*. Mais *S. arboricola* est aussi très populaire pour ses variétés panachées comme 'Green Gold' et 'Gold Capella'.

Origine : Taiwan, Australie.

Exposition/soins : la plante demande un lieu clair à semi-ombragé et une légère humidité. Vaporiser fréquemment.

Mode d'action : source de bonne humeur, les schefflléras conviennent parfaitement aux locaux collectifs, aux salles d'attente, aux bureaux et aux salles de séjour, où ils répandent une énergie positive et créent une bonne ambiance.

Particularité : il faut protéger les petits enfants et les animaux domestiques, car la plante contient des substances irritantes pour les muqueuses.

Écologie : remarquable humidificateur d'atmosphère, le schefflléra est très efficace également contre les polluants chimiques.

Vibration de la plante : les petits arcs de cercle en spirale incitent à la bonne humeur.

Scirpus cernuus

Scirpe penché, jonc des chaisiers

Représentante de la famille des cypéracées, cette plante graminiforme des régions chaudes ressemble à une fontaine de verdure, avec ses longs chaumes grêles retombant souplement. Les fleurs, de la taille d'une tête d'épingle, apparaissent à l'extrémité des chaumes.

Origine : bassin méditerranéen, régions tropicales et subtropicales.

Exposition/soins : placer toute l'année dans un lieu clair à semi-ombragé et arroser abondamment cette plante palustre, en laissant de l'eau dans la soucoupe.

Mode d'action : le rayonnement de la plante a un effet libérateur. Elle dénoue les problèmes et les situations bloquées. Elle est efficace contre la surcharge mentale et les raisonnements ou les comportements qui sont mal ciblés.

Particularités : le scirpe penché est particulièrement prospère lorsqu'il est entouré de personnes ayant un rapport émotionnel à l'eau.

Vibration de la plante :
les lignes d'énergie du scirpe jaillissent comme une fontaine depuis le centre de la plante et redescendent le long des chaumes.

Les lignes d'énergie du scirpe penché jaillissent comme une fontaine du centre de la plante et redescendent le long des chaumes.

Sedum

Orpin

De la famille des crassulacées, les principaux représentants de ce genre robuste à feuilles charnues viennent du Mexique. Les espèces à présent les plus connues sont *S. morganium* (orpin de Morgan) et *S. telephium*, plante de jardin qui est aussi du plus bel effet en vasque, sur un balcon ou une terrasse.

L'énergie en rosette de l'orpin descend le long des feuilles en s'enroulant vers la droite.

Origine : Mexique. L'espèce *S. sieboldii* vient du Japon.

Exposition/soins : l'orpin aime la clarté et la chaleur, et demande un faible apport d'eau. On peut lui donner de l'engrais pour cactées toutes les quatre semaines environ pendant la croissance.

Mode d'action : ces plantes d'apparence compacte, qui supportent, dans leur habitat naturel, des périodes de sécheresse prolongée, sont recommandées pour les êtres qui ont du mal à se protéger du stress émotionnel ou s'interdisent toute émotion.

Particularités : l'orpin ne supporte pas les contacts brusques, car ses feuilles se cassent facilement. Il ne convient pas aux êtres colériques ou hypernerveux.

Usage : en homéopathie classique, l'orpin est utilisé contre les gerçures et les crevasses, ainsi que contre les saignements.

Vibration de la plante : l'énergie en rosette s'enroule vers la droite et vers le bas autour des feuilles arrondies.

Senecio cruentus Hybrides

Cinéraire

Cultivées en appartement comme plantes annuelles, les cinéraires hybrides surprennent par la diversité et l'intensité des couleurs de leurs innombrables fleurs semblables à des marguerites. La palette des couleurs de ces représentants de la famille des composées va du blanc à différentes nuances de rose, rouge, pourpre ou violet. Les feuilles dentées sont d'un vert intense.

Origine : îles Canaries.

Exposition/soins : placer en un lieu clair, bien aéré, en atmosphère humide, et arroser abondamment. Le moindre dessèchement de la terre abrège la floraison, que l'on peut au contraire prolonger en retirant les parties fanées.

Mode d'action : les êtres manquant d'audace, qui reculent toujours devant les responsabilités, les confrontations et toutes les situations désagréables de l'existence, peuvent trouver avec la cinéraire la force de s'imposer. L'éventail des couleurs permet en outre de choisir une plante spécifiquement adaptée du point de vue psychologique (voir page 26). Ainsi, les fleurs bleues aident à s'imposer sur le plan intellectuel, les fleurs blanches sur le plan émotionnel, les différentes nuances de rouge sur le plan érotique et sexuel.

Usage : les cinéraires sont utilisées en homéopathie classique (yeux).

Vibration de la plante : l'énergie, presque timide, est comme un doux nuage d'ouate.

L'énergie de la cinéraire ressemble à un doux nuage d'ouate.

La force recentrante des gloxinias s'échappe par impulsions vers l'extérieur

Sinningia Hybrides

Gloxinia

De la famille des gesnériacées, les gloxinias comptent parmi les plantes en pot les plus populaires. Cette plante à tubercule de 20 à 30 centimètres de haut produit de grandes fleurs campanulées, à l'aspect velouté. Ses feuilles vert foncé sont couvertes d'un duvet. Il existe aujourd'hui un nombre incalculable d'hybrides à fleurs blanches, bleues, roses, rouges ou panachées.

Origine : Brésil.

Exposition/soins : placer en un lieu chaud et clair, et maintenir le substrat bien humide. Protéger des rayons du soleil. Humidifier l'atmosphère, mais ne surtout pas vaporiser, car les feuilles ne le supportent pas.

Mode d'action : les larges fleurs campanulées sont source d'énergies multiples. La plante agit comme une clé miraculeuse, capable d'ouvrir les caractères renfermés et de laisser s'écouler librement l'énergie accumulée.

Particularité : le gloxinia aide à clore le passé et à entreprendre de nouvelles choses.

Vibration de la plante : la force recentrante du gloxinia s'échappe par impulsions vers l'extérieur.

Soleirolia soleirolii

Helxine

De la famille des urticacées, l'helxine, cultivée chez nous depuis plus de cent ans, est encore connue sous son ancien nom de *Helxine soleirolii.* Cette petite plante tapissante à tiges filiformes couvertes de minuscules feuilles ovales à rondes, est une espèce de plein champ, sous les climats doux. Sous les climats plus rigoureux, elle est cultivée en pot et ne forme pas un tapis, mais une petite touffe ronde. Outre l'espèce vert uni, on trouve des variétés au feuillage vert doré ('Aurea') ou argenté ('Argentea').

Origine : bassin méditerranéen.

Exposition/soins : placer en un lieu clair et frais, et arroser peu, mais régulièrement. La plante apprécie un taux d'humidité élevé, et elle doit être vaporisée très fréquemment.

Mode d'action : l'helxine apporte une aide en cas de blocage mental et de dépression ; elle exerce une action stimulante et donne des idées neuves. L'énergie est renforcée lorsque plusieurs sujets sont réunis (l'effet visuel est également très réussi).

Particularités : la plante semble avoir une action protectrice contre les ondes électromagnétiques. Elle peut être placée dans une chambre à coucher ou une chambre d'enfant.

Vibration de la plante : ce sont des impulsions énergétiques fourmillantes et pétillantes, tournant en cercle autour de la plante. En frottant ses mains au-dessus de l'helxine, on le constate aisément !

L'helxine émet des impulsions énergétiques pétillantes qui tournent autour d'elle.

La vibration énergétique du tilleul d'appartement est concentrée et rafraîchissante, comme un nuage odorant.

Sparmannia africana

Tilleul d'appartement

Cette plante de la famille des tiliacées, autrefois très appréciée comme sujet solitaire dans les élégants jardins d'hiver, connaît aujourd'hui un regain de succès, en raison de ses feuilles de toute beauté. Ses fleurs blanches sont jolies, mais moins marquantes. Le feuillage est d'un vert tendre, pubescent ; les grandes feuilles cordiformes mesurent jusqu'à 25 centimètres.

Origine : Afrique du Sud.

Exposition/soins : ce tilleul demande toute l'année un emplacement clair, pas trop ensoleillé, plutôt frais. Les grandes feuilles exigent beaucoup d'eau. De l'engrais peut être apporté de mars à août.

Mode d'action : c'est la plante de la tendresse par excellence, qui active la capacité à aimer, renforce l'énergie féminine et aide à manifester ses sentiments à ses proches. La douceur de ses feuilles procure un plaisir sensuel.

Particularité : le tilleul d'appartement convient à toutes les pièces, mais surtout aux lieux où il faut communiquer et agir avec d'autres (bureaux, notamment).

Vibration de la plante : concentrée et agréablement rafraîchissante, l'énergie est comme un doux nuage odorant sortant d'un flacon.

Spathiphyllum

Spathiphyllum

Bien que son tronc soit très court, cette plante persistante de la famille des aracées peut atteindre 80 centimètres de haut, sans compter l'inflorescence à longue tige qui se dresse au-dessus des feuilles lancéolées d'un vert brillant. Le spadice, blanc à jaunâtre, est entouré d'une somptueuse spathe blanche.

Origine : Madagascar.

Exposition/soins : placer en un lieu chaud, clair à ombragé. Arroser modérément à l'eau adoucie. La plante demande une atmosphère humide et doit être vaporisée de temps à autre. Éviter l'eau stagnante dans la soucoupe.

Mode d'action : l'énergie de la fleur est puissante et monte vers le haut, celle du feuillage est source d'harmonie. Le spathiphyllum équilibre les vibrations extrêmes et convient à tous types de lieux et d'individus.

Écologie : la plante est efficace contre les polluants chimiques, en particulier les alcools, l'acétone et le formol.

Vibration de la plante : la vibration en flèche ascendante produit des champs énergétiques ramifiés.

Les champs énergétiques des spathiphyllums montent en flèche, puis se ramifient.

Stapelia

Stapélie

La stapélie est une magnifique plante succulente de la famille des asclépiadacées qui dépasse rarement 20 centimètres. Le genre est surtout spectaculaire pour ses grandes fleurs en forme d'étoile de mer, aux couleurs et aux motifs étonnants, qui ont pour fonction – tout comme l'odeur, désagréable – d'attirer les mouches assurant la pollinisation. Les plus belles espèces sont : *S. gigantea*, dont les fleurs (les plus grandes du genre, 25 à 35 centimètres) sont jaune pâle, et présentent des lignes transversales rouges ; *S. grandiflora*, aux grandes fleurs brun-rouge ; *S. variegata*, aux fleurs brun-jaune tigrées ; *S. nobilis*, dont les fleurs, rouges à l'extérieur, présentent des striures brun-jaune à l'intérieur ; *S. pillansii*, aux fleurs brun-pourpre foncé, ciliées de pourpre ; *S. semota*, aux fleurs chocolat maculées de taches plus claires.

Origine : Afrique du Sud.

Exposition/soins : les stapélies demandent toute l'année un emplacement clair à ensoleillé et un faible apport d'eau destiné seulement, en hiver, à éviter le dessèchement des tiges. Les racines s'accommodent bien de vasques peu profondes.

Mode d'action : la stapélie agit en profondeur, ramène à la surface les blessures de l'âme et aide à dépasser les traumatismes anciens. Le pouvoir de la plante dépend de l'intensité de la couleur des fleurs.

Vibration de la plante : la plante émet une vibration énergétique du type ondes pulsées, et des tourbillons d'énergie stimulante partent de la fleur.

La stapélie émet une vibration énergétique du type ondes pulsées, et des tourbillons d'énergie stimulante partent de la fleur.

Stephanotis floribunda

Jasmin de Madagascar

De la famille des asclépiadacées, le jasmin de Madagascar est l'une des plantes d'appartement les plus recherchées. Pour des raisons de place, on le fait souvent grimper autour d'un support circulaire. Ses feuilles coriaces vert brillant et ses fleurs blanches parfumées en font le plus bel ornement des jardins d'hiver. Planté dans un jardin d'hiver, le jasmin de Madagascar peut grimper et s'enrouler jusqu'à 6 mètres de haut. Berceaux, espaliers ou treillages permettent de guider ses longues tiges semblables à des lianes.

Origine : Madagascar.

Exposition/soins : ce jasmin demande un emplacement clair, mais non ensoleillé. Laisser à la plante une grande liberté – même la proximité d'un rideau peut la gêner. Arroser et vaporiser abondamment à l'eau tempérée et adoucie, et donner de l'engrais tous les quinze jours pendant la période de croissance, de mars à mi- ou fin août. Le reste du temps, placer dans un endroit frais et maintenir le substrat légèrement humide. Dès que les bourgeons se forment, ne plus déplacer la

plante, car elle perdrait tous ses bourgeons.

Mode d'action : le jasmin de Madagascar a une action positive sur les relations amicales et familiales. Il active sensiblement la communication et le sentiment de communauté, et se prête donc parfaitement aux locaux collectifs et aux cabinets de consultation.

Vibration de la plante : les spirales d'énergie s'enroulent comme des lianes et se focalisent au niveau des fleurs en ombelles.

Les spirales d'énergie du jasmin de Madagascar s'enroulent comme des lianes et se focalisent au niveau des fleurs.

Testudinaria elephantipes

Pied-d'éléphant

Cette étrange plante grimpante appartient à la famille des dioscoréacées, ainsi nommées d'après le médecin et naturaliste grec Pedanios Dioscoride, de Cilicie (Ier siècle après J.-C.). La plupart des représentants de cette famille se distinguent par un tronc fortement renflé à la base, qui peut peser jusqu'à 1 kilo. Fait notamment partie de cette famille la racine d'igname, qui tient une place importante dans l'alimentation en zone tropicale. Le pied-d'éléphant présenté ici est une des espèces à souche rhizomateuse circulaire. Les feuilles tombent généralement au printemps, après la floraison hivernale, puis de nouvelles tiges naissent de la souche.

Origine : Afrique du Sud.

Exposition/soins : placer toute l'année en un lieu ensoleillé à semi-ombragé, mais pas trop chaud. Arroser modérément et donner de l'engrais pour cactées tous les quinze jours pendant la période de croissance. Vaporiser fréquemment, surtout lorsque la plante n'a pas de feuilles.

Particularité : la plante est aussi connue sous le nom de *Dioscorea elephantipes.*

Mode d'action : le pied-d'éléphant aide les êtres qui, comme les éléphants, gardent le souvenir des offenses et des blessures anciennes, et ne peuvent pardonner ni à eux-mêmes ni aux autres. Il est également efficace contre l'obstination et le besoin d'avoir toujours raison.

Vibration de la plante : la souche dure de la plante émet tout en douceur, comme par des canaux très fins, une énergie haute fréquence qui est comparable à un sifflement continu.

La souche dure du pied-d'éléphant émet tout en douceur une énergie haute fréquence.

Tillandsia

Tillandsia

Ces broméliacées poussent sur les arbres, les rochers et presque tous les supports. Les feuilles, généralement très minces, sont vertes ou gris argent. La plante prélève l'eau et la nourriture à l'aide d'organes suceurs. Les fleurs de tillandsia sont charmantes, quoique de taille le plus souvent assez modeste.

Origine : Amérique tropicale et subtropicale.

Exposition/soins : fixer les tillandsias gris sur des morceaux de liège ou de branche, et les placer dans un lieu ensoleillé et chaud ; les tillandsias verts demandent un emplacement clair, chaud et humide. Vaporiser les uns et les autres chaque jour, à l'eau non calcaire.

Mode d'action : les tillandsias peuvent aider les êtres très enracinés dans les problèmes matériels, pour qu'ils adoptent peu à peu une démarche plus spirituelle.

Vibration de la plante : il s'agit de serpentins s'enroulant dans le ciel. Attention : la vibration des tillandsias collés sur des pierres ou des objets kitsch n'a aucune valeur ; éviter d'acheter ces plantes, car elles résultent d'un pillage sauvage de la flore.

La vibration énergétique des tillandsias monte en spirale dans les airs.

Tolmiea menziesii

Tolmiéa

Les tolmiéas ont une énergie pulsée, très vivante.

Cette sympathique plante de la famille des saxifragacées est une curiosité botanique : en effet, dans l'échancrure de ses feuilles cordiformes velues apparaissent des bulbilles donnant naissance à des plantules et formant des racines au contact de la terre. Cette plante mesurant de 25 à 30 centimètres de haut est difficile à trouver dans le commerce. Elle est particulièrement bien mise en valeur lorsqu'elle est suspendue.

Origine : Amérique du Nord.

Exposition/soins : la plante demande un lieu clair à semi-ombragé, et de la fraîcheur toute l'année. Arroser abondamment en été, moins en hiver.

Mode d'action : le tolmiéa est une véritable source d'optimisme, dont le seul aspect suscite la bonne humeur. Il est efficace pour ceux qui ont un style de vie trop monotone, car il donne de l'entrain et des impulsions nouvelles.

Vibration de la plante : la vibration généreuse, vivante, est animée de pulsations, comme un nuage d'insectes scintillants.

Yucca

Yucca

Cette agavacée compte parmi les plantes en pot ou en bac les plus vendues. Il y a à cela plusieurs raisons : robuste et peu exigeante, elle est très décorative, avec son tronc surmonté d'un harmonieux toupet de feuilles minces, vertes ou gris-vert, selon les espèces. Ses imposants bouquets de fleurs blanches mettent de nombreuses années à se développer.

Origine : États-Unis, Mexique.

Exposition/soins : placer en plein soleil, en un lieu bien aéré. Arroser régulièrement en période de croissance, moins en hiver, en évitant l'accumulation d'eau.

Mode d'action : le yucca est une plante agressive et dominatrice, qui prospère en solitaire. Il peut apporter une aide aux êtres timides et craintifs cherchant à s'imposer, mais ne convient pas du tout aux tempéraments colériques.

Particularité : avec ses feuilles d'aspect très agressif, parfois extrêmement pointues, le yucca demande beaucoup de place dans une pièce.

Les flux d'énergie du yucca sont dirigés en flèches vers l'extérieur.

Usage : la plante est utilisée en homéopathie classique (irritation, œdème, démangeaisons).

Vibration de la plante : l'énergie agressive, dure et très heurtée, forme des flèches dirigées vers l'extérieur.

L'énergie de la calla d'appartement monte et s'échappe en tourbillons vers l'extérieur.

Zantedeschia aethiopica

Calla d'appartement

Cette plante de la famille des aracées se caractérise par de fières inflorescences composées d'un spadice jaune et d'une spathe aux couleurs souvent originales. Haute de 80 centimètres environ, elle est pourvue d'un rhizome charnu semblable à un tronc. Ses fleurs élégantes, apparaissant de la fin de l'hiver jusqu'à l'été, étaient des éléments décoratifs très appréciés de la période Art déco.

Origine : Afrique du Sud.

Exposition/soins : placer en un lieu clair à semi-ombragé et arroser abondamment pendant la période de croissance. Ne plus arroser après la floraison et laisser la plante se dessécher lentement. Les tubercules peuvent être rempotés à partir de juillet, et la plante peut alors être forcée dans un terreau neuf. Sous les climats doux (régions viticoles), la calla d'appartement peut être plantée en plein air si on la couvre en hiver.

Mode d'action : la calla exerce une action positive sur les sens (vue, ouïe, odorat et goût), ainsi que sur la déglutition et la mastication, et elle soulage certains troubles fonctionnels (bourdonnements d'oreilles ; hypoacousie, notamment).

Particularités : dans la religion catholique, la calla est attachée à sainte Cécile (la sainte de la musique liturgique), à côté de qui elle est souvent représentée.

Vibration de la plante : la vibration ascendante tourne vers la gauche et s'échappe en tourbillons vers l'extérieur.

Zebrina

Zébrina

Cette plante de la famille des commélinacées ressemble beaucoup à la misère, que chacun de nous s'est amusé, enfant, à faire raciner dans un bocal rempli d'eau. Peu exigeante, elle forme des tiges rampantes couvertes de feuilles légèrement charnues, vert et argent sur le dessus, et teintées de rouge au revers. Elle fleurit rarement en culture. Les espèces les plus courantes sont *Z. flocculosa*, couverte de poils blancs, et *Z. purpusii*, plus robuste, mais dont les feuilles ne sont pas rayées.

Origine : Amérique centrale.

Exposition/soins : placer ou suspendre dans un lieu clair, pas trop ensoleillé et bien aéré. Faire des arrosages et des apports d'engrais modérés.

Mode d'action : la plante peut aider à réaliser idées et projets et à surmonter les difficultés. Elle permet de relancer des projets qui auront été abandonnés après un échec.

Particularité : la zébrina aide à renouer des relations rompues.

Vibration de la plante : l'énergie tourne en spirales dirigées vers le bas.

Les courbes d'énergie des zébrinas tournent en spirales dirigées vers le bas.

Index

Index général

Plantes : noms latins

Plantes : noms communs

CRÉDITS ILLUSTRATIONS

Apel : 92, 101 ; Bärtels : 22 bas gauche ; Becherer : 86, 90, 103 ; Benary : 83 ;
Bonsai Centrum Heidelberg/Lesniewicz : 54 ; Busek : 110 ;
Dorling Kindersley : 5 haut, milieu, bas, 10, 14, 15, 16, 22 haut droite,
23 haut gauche, 23 bas gauche, 39, 41, 44, 50, 51, 55, 56, 68, 69, 70, 71, 72, 79, 94, 100, 102, 108, 112,
117 ; Eisenbeiss : 60, 61, 87, 114 ; Fischer Pelargonien : 27 ;
Heitz : 95 ; Institut für Bach-Blütentherapie, Forschung
und Lehre Mechthild Scheffer : 29 haut (Andreas Bock), 29 bas ;
Lade : 8, 91 ; Lavendelfoto G. Höfer/Spohn : 23 haut droite, 96 ;
Mein schöner Garten/Stork : 105 ; Morell : 22 bas droite, 62 ;
Nova-Photo-Graphik : 40, 59, 75, 77, 81 ;
Reinhard Tierfoto : 36, 49, 57, 65, 78, 82, 93, 98, 116 ;
Riedmiller : 46 ; Seidl : 67 ; Smit : 48 ; Stadler : 63 ; Stehling : 119, 123 ;
Strauss : 6, 31 ; Welsch : 58, 64, 84, 97, 111 ; Wetterwald : 12, 22 haut gauche,
23 bas droite, 38, 42, 43, 45, 47, 52, 53, 66, 73, 74, 76, 80, 85, 88, 89, 99, 104, 106, 107, 109, 113, 115,
118, 120, 122 ; Zeltner : 121
Dessins : Ushie Farkas-Dorner, Plouray/France